「作り置き」よりも
カンタンでおいしい！

志麻さんの自宅レシピ

タサン志麻

講談社

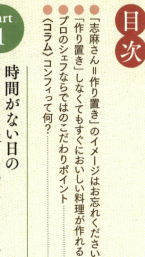

目次

Part 1 時間がない日のすぐ出来ワンプレートごはん

ごはん

麺類

パン

その他

Part 2 時間がない日のすぐ出来単品おかず

野菜

●小さじ1は5cc、大さじ1は15cc、1カップは200ccです。
●電子レンジの加熱時間は特に表記のない場合は、600Wを使用した時の目安です。500Wなら加熱時間を1.2倍にしてください。なお、機種によって多少異なることがありますので、様子をみながら加減してください。

【この本の使い方】

- 野菜類は特に表記がない場合、洗う、皮をむくなどの作業をすませてから手順を説明しています。
- フライパンは原則としてフッ素樹脂加工のものを使用しています。作り方の火加減は特に表記が無い場合、中火で調理してください。

「志麻さん＝作り置き」のイメージはお忘れください

よく聞かれるのですが、自宅で「作り置き」はしていません。家政婦の仕事では、各ご家庭の1週間分のお食事を3時間で作っているので、「作り置き」のイメージを持たれがちですが、プライベートでは仕事から帰って30分以内にちゃちゃっと作って食べるのが基本です。

この本でご紹介したレシピの材料は、近所のスーパーで買った身近なものばかり。実際に食べていたレシピなだけに、肉食派の我が家は魚料理より肉料理が多いなぁと改めて気づいたりしました。たまらなく野菜が食べたくなった日には、『野菜たっぷり豚しゃぶ鍋』（P.54参照）のように山盛りの野菜を食べたりします。料理に合わせるお酒は、私はもっぱらワイン派です。

最終パートでは、休みの日に食べている『ごちそうレシピ』もご紹介させていただきました。一見調理時間が長めに感じますが、塩・こしょうやスパイスをなじませるのに30分。コトコト煮るのに60分といった具合で、別につきっきりで何かをしている必要はありません。その日の気分でご活用ください。

「作り置き」しなくてもすぐにおいしい料理が作れるコツ

調理時間の短縮は、加熱時間が短い調理方法を選ぶこと

うちの台所をご覧いただければわかるとおり、特別なものは何もありません。ちょっとした調理のコツがわかれば、時間をかけなくてもおいしい料理が作れます。

たとえば、食材を切るのは意外と大変です。いっぺんに切ろうと思わずに、何かを炒めている間に次に投入する食材を切れば良いと考えて下さい。〝食材の大きさを揃える〟ことは大切ですが、加熱時間を統一したいだけなので、全部を大きく切り揃えたって大丈夫です。

また、調理のどこに時間がかかっているのかを把握することも大切です。例えば、我が家は必ずごはんを冷凍してあります。ごはんさえあれば、さっと肉を焼いて、生野菜を添えるだけでワンプレートが完成しますから。パスタなら、麺と一緒にゆでられる野菜を選べばかなりの時間短縮ができちゃいます。

プロのシェフならではのこだわりポイント

特別なものは要りませんが、どうしても外せないこだわりもあります。

我が家には特別な調理道具はありませんし、基本的に面倒な作業は省けばよいと考えています。例えば生野菜の水けを切る〝サラダスピナー〟が無ければ、ザルとボウルで代用すればいいですし、オーブンの予熱が面倒であれば予熱はせずに、その分加熱時間をプラスすれば、基本的には大丈夫です。

でも、『ひき肉のパイ包み焼き』（P.98参照）は温度管理が重要な冷凍パイ生地を使っているので予熱は欠かせません。また、『なすとかぶのポタージュ』（P.66参照）は舌ざわりが重要なのでミキサーが欠かせません。レモン、しょうが、にんにくは、市販のチューブや果汁ではなくフレッシュなものを常備しています。これらのちょっとしたこだわりが、お店のようなおいしい味を実現してくれると考えているからです。

家庭の炒め物は火力が弱いから水っぽくなると諦めがちですが、食材ごとに炒めてザルにあげ、余分な水分と油分を切って、肉を炒め終わったところに戻せばおいしく仕上がります。

コンフィって何？

この本で何回か出てくる〝コンフィ〟とは、油煮のこと。他の調理法では味わえないほど肉はやわらかく、野菜は糖度が増して甘くおいしくなります。また、コンフィは油が抜けきるので、油っこくはなりません。油を大量に使うからもったいない！と思うかもしれませんが、2週間に1度程度火入れをすれば、ずーっと持ちます。食材の旨味も抽出されるので、肉や野菜の炒め物に使っても最高です。

1. 味をしみ込ませた骨付き肉を、鍋に入れ、肉がつかる量のサラダ油をそそいで、ゆっくり煮込む。

2. すぐに食べない場合は、油に肉をつけこんだまま、落としラップをして、冷蔵庫で1週間保存可能。

※保存容器は『IKEA』で購入

3. 使った油はザルで漉す。

4. 漉した油はビンに入れ、冷蔵庫で保存。我が家では2週間に1度コンフィを作って油に火入れをして傷まないようにしています。

Part 1

時間がない日の
すぐ出来ワンプレートごはん

白いごはんにだ〜っとかけるだけ、麺と野菜は同時ゆでなど、
ささっと作れるごはん、麺、パンレシピが大集合。
ラクでおいしいが何よりうれしい大活躍間違いなしのレシピです。

卵は周囲が固まってきたら、さっと箸で引き寄せる

トロトロオムライス

調理時間 15 min

材料（2人分）

玉ねぎ（みじん切り）…½個分
にんじん（みじん切り）…¼本分
鶏もも肉（小さめ角切り）…½枚分
ピーマン（みじん切り）…2個分
ごはん（炊飯済）…2膳分
ケチャップ…大さじ3
塩・こしょう…適量
〈トロトロ卵〉…卵4～6個分
サラダ油…適量

作り方

❶フライパンに油をしき、玉ねぎ、にんじん、塩を入れ弱火で炒めてしんなりさせる a。
❷肉を加えて塩・こしょうして、中火で炒める b。
❸肉に火が通ったらピーマンを入れ、中火でさっと炒める c。
❹温かいごはん、ケチャップ、塩・こしょうを入れて、切るように混ぜる d。完成したら器に盛る。
❺〈トロトロ卵〉をチキンライスの上にかけ e、ケチャップをかける。

〈トロトロ卵を作る〉

❶強火で熱したフライパンに油をしき、溶き卵4～6個分を流し入れる。周囲が焼けてきたら卵の縁を箸で中央にすっと軽くひっぱる。
❷これを3～4回繰り返すとトロトロ卵ができる。
❸火がこれ以上入らないようにボウルに取り出しておく。

トロトロ卵

調理のポイント

ソースがないので、しっかりめに塩・こしょうする。
焼き色をつける際は、さわらないのが鉄則

ステーキプレート

調理時間 15 min

材料（2人分）

牛ももステーキ肉（常温に戻したもの）…400g
にんにく（芯を取ってスライス）…大1かけ分
ごはん（炊飯済み）…2膳分
水菜（ザク切り）…¼束分
しょうゆ…小さじ½
サラダ油…大さじ1.5
塩※・こしょう…適量

作り方

1. 肉の水けをキッチンペーパーで取る a。
2. まな板に塩・こしょうして肉をのせ、肉の上面にも塩・こしょうする b。
3. 強火で熱したフライパンに油をしき、肉を1分ほど触らずに焼き色をつける。
4. 肉をひっくり返して1分ほど触らずに焼き色をつける c。
5. アルミホイルに取り出して包み、肉汁を落ち着かせる d。
6. フライパンににんにくを入れ、弱火で炒め、焼き色がついたら皿に取り出しておく。
7. フライパンに温かいごはんを入れ、おたまの背でごはんを広げながら炒める e。
8. 香りづけのしょうゆを鍋肌に回しかけ、塩・こしょうを少々加えて味をととのえる。
9. 器にごはん、水菜、切ったステーキを盛り、アルミホイルにたまった肉汁をかけ、にんにくをのせる f。

塩はさらさらタイプを選び、使いやすい容器に入れかえて食材に均一にふることが大切。

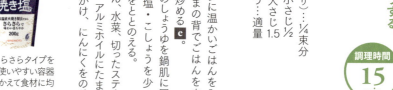

調理のポイント

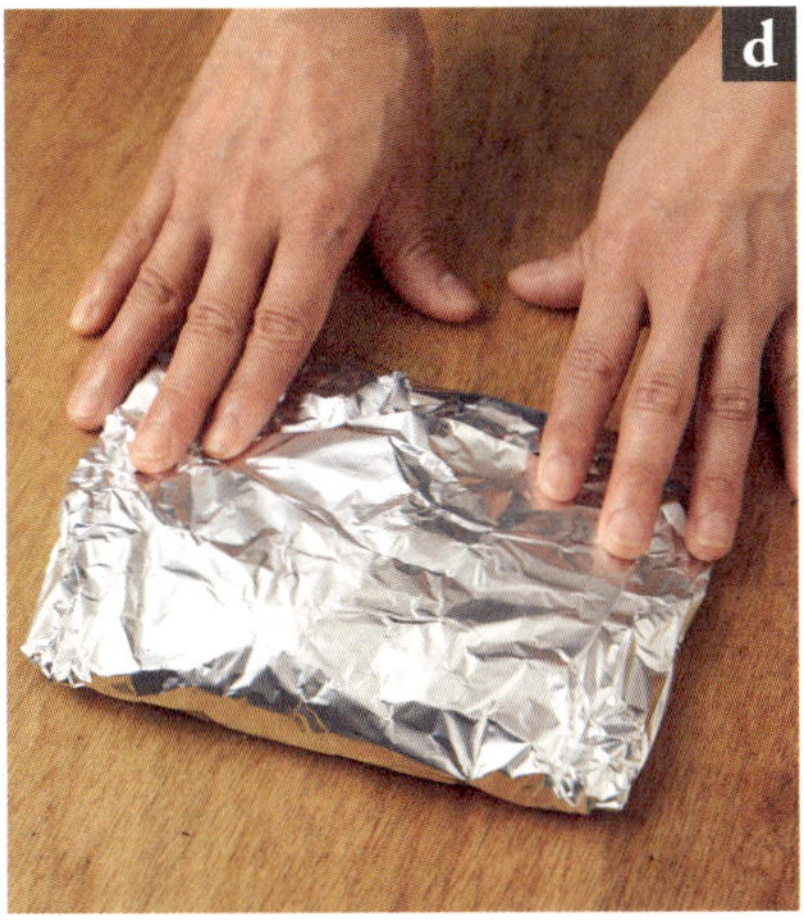

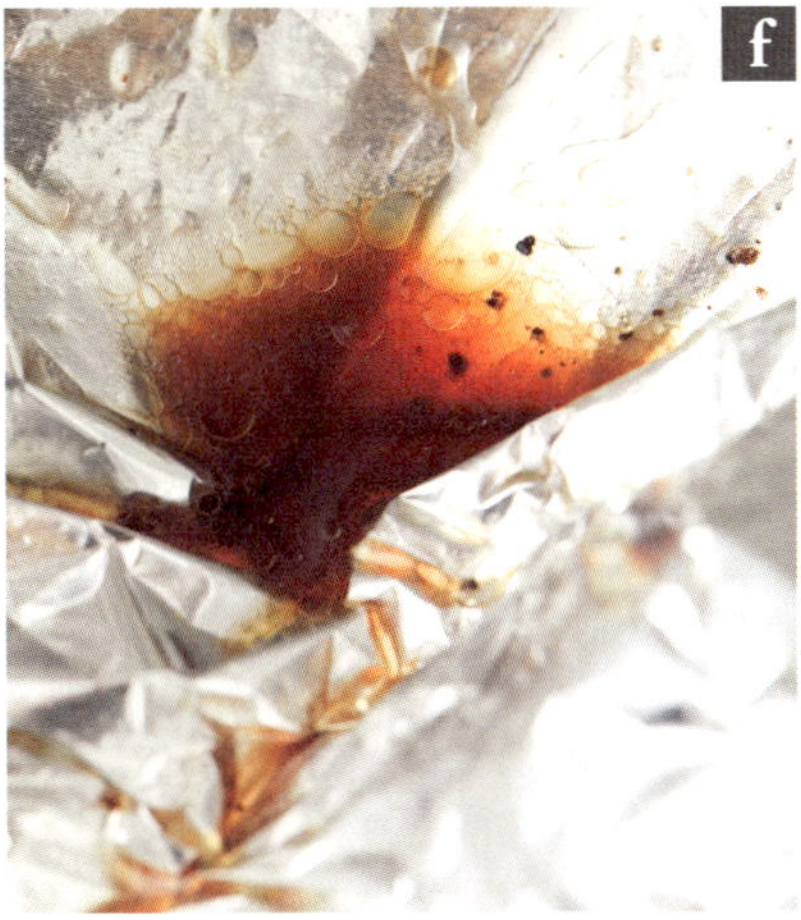

肉をさわらず中火で10分焼くことで、皮がパリッと、お店のような絶品焼き鳥に

鶏の照り焼き丼

調理時間 20 min

材料（2人分）

鶏もも肉…1枚（250g）

〈たれ〉
- みりん…大さじ2
- 砂糖…小さじ1½
- しょうゆ…小さじ1

片栗粉…適量
塩・こしょう…適量
獅子唐…6本
ごはん（炊飯済み）…2膳分
サラダ油…適量
〈トロトロ卵〉（P.12参照）…卵3個分

作り方

1. 肉は一口大に切り、キッチンペーパーで水けを取る。
2. まな板に塩・こしょうして肉をのせ、肉の上面にも塩・こしょうする。
3. 片栗粉を薄くまぶし、油をしいたフライパンで皮目から弱火〜中火で動かさずに10分ほど焼く。肉の周囲が2割ほど白くなったらひっくり返していい合図 **a**。
4. 油をキッチンペーパーで取る **b**。
5. みりん→砂糖→しょうゆの順に〈たれ〉材料をからめたら、火を止める **c**。
6. アルミホイルをしいた魚焼きグリルで、獅子唐に油をかけて中火で3分焼く。焼きあがったら塩を振る **d**。
7. ごはんの上に肉、〈トロトロ卵〉（P.12参照）、獅子唐を盛り付ける。

〈焼き鳥のコツ〉

ブロイラーの臭みは皮に出るので、皮をしっかり焼くとおいしくなる。

調理のポイント

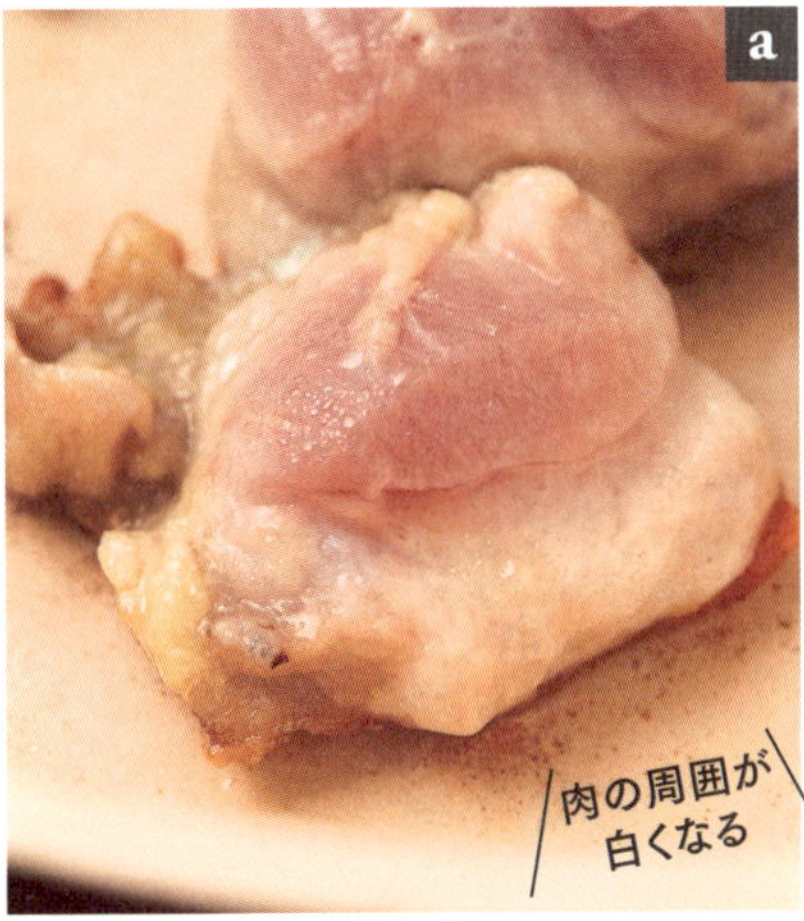
a
肉の周囲が
白くなる

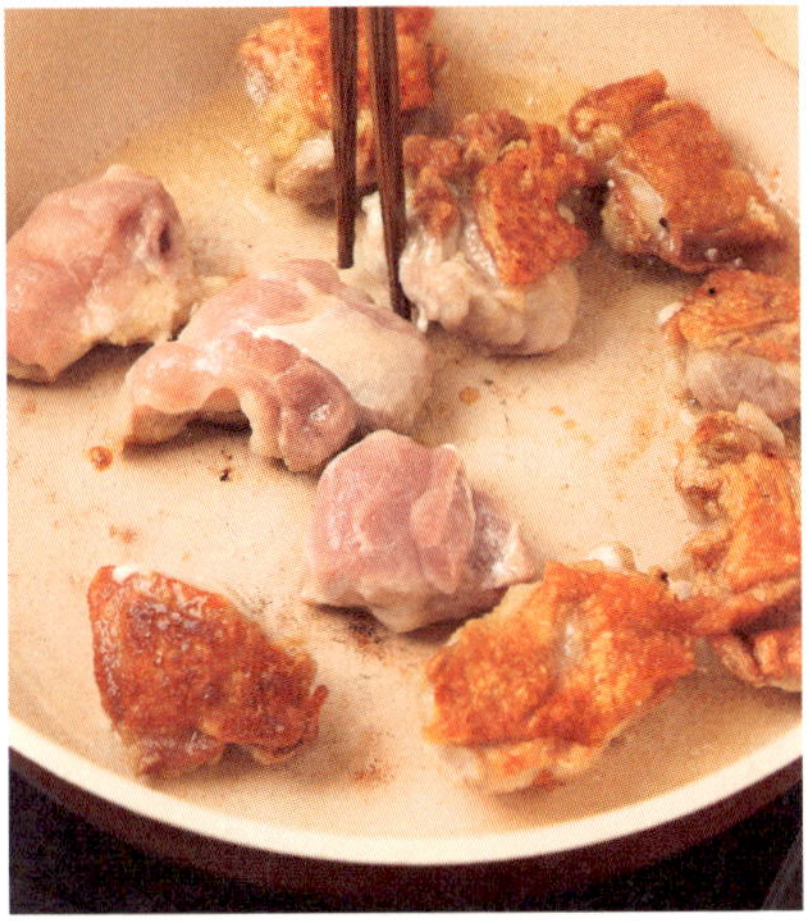

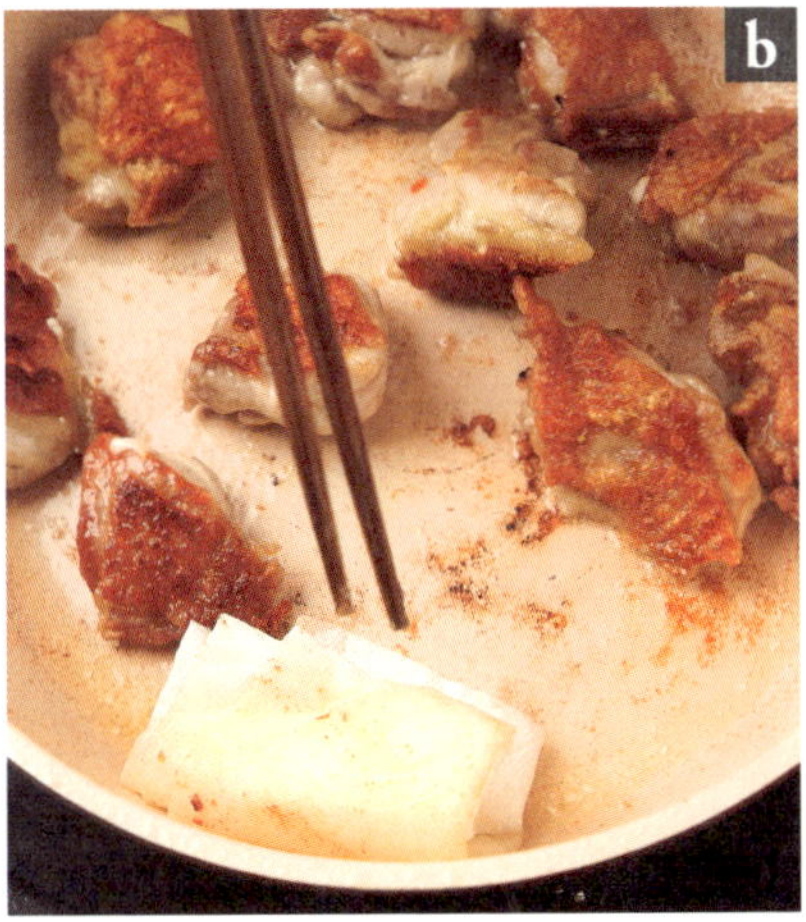
b

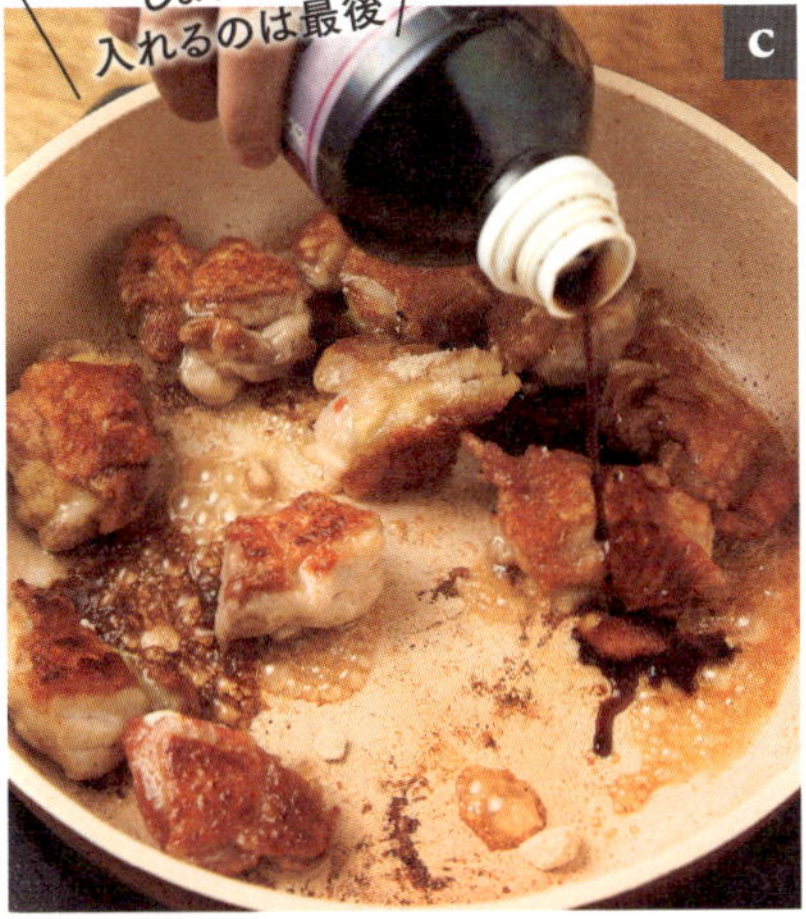
c
しょうゆを
入れるのは最後

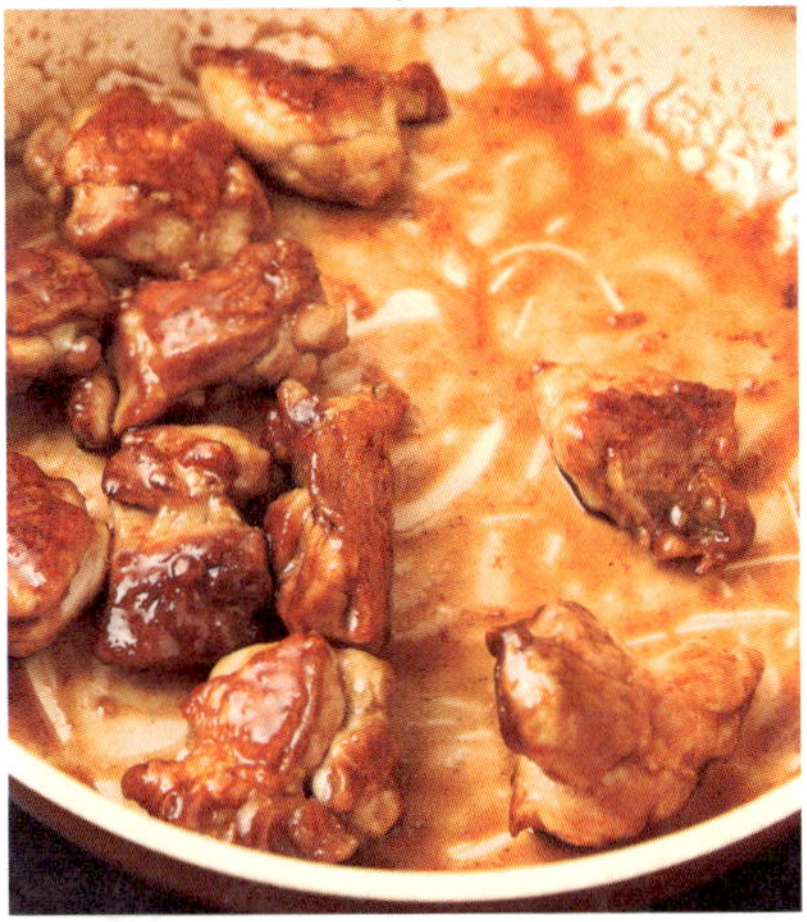

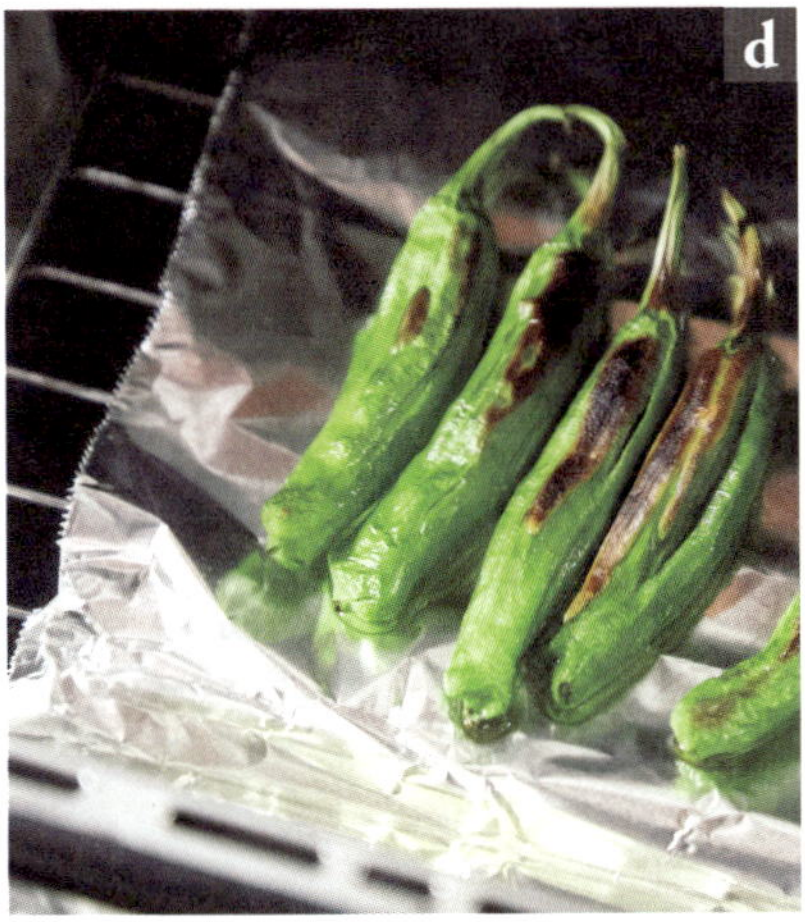
d

厚切りステーキをローストビーフ風に

なんちゃってローストビーフ丼

調理時間 15 min

材料（2人分）

厚切り牛ステーキ肉（常温に戻したもの）…400g
かぼちゃ（薄切り）…2枚
オクラ（ヘタ取る）…4本
れんこん（薄切り）…4枚
なす（縦4つ切り）…1本分
ごはん（炊飯済み）…2膳分

サラダ油…適量
塩・こしょう…適量
〈たれ〉
酒…大さじ1
焼き肉のたれ…大さじ3
マヨネーズ…大さじ1

作り方

1. 肉の水けをキッチンペーパーで取る a。
2. まな板に塩・こしょうをして肉をのせ、肉の上面にも塩・こしょうをする b。
3. 強火で熱したフライパンに油をしき、まず肉の側面を焼く c。
4. 強火で1分焼いたら弱火にして30秒焼く。ひっくり返す前に再び強火にして、裏面も同様の手順で焼く d。
5. アルミホイルに取り出して包み、肉汁を落ち着かせる e。
6. 〈たれ〉を作る。肉を取り出したフライパンを中火で熱し、酒を入れて強火にし、焼肉のたれを入れてスプーンでなじませ、マヨネーズを入れて弱火で混ぜる。器に取り出し、アルミホイルの肉汁と合わせる f。
7. フライパンを洗って、多めの油をしき、強火で野菜に焼き色をつける。
8. キッチンペーパーに取り、余分な油をきる。
9. 肉を斜め薄切りにし、ごはんの上にたれ、野菜と共に盛る。

調理のポイント

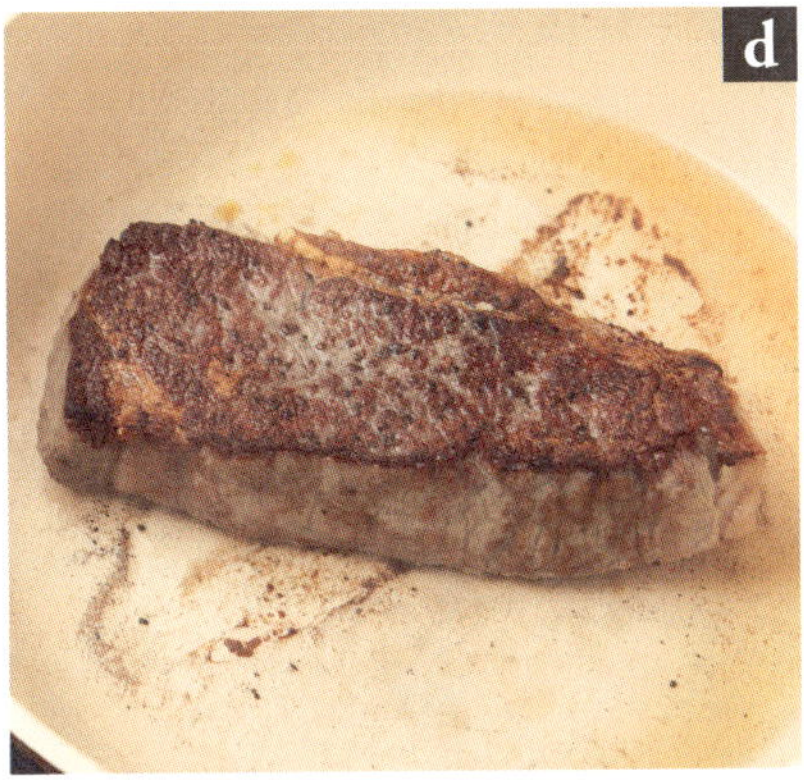

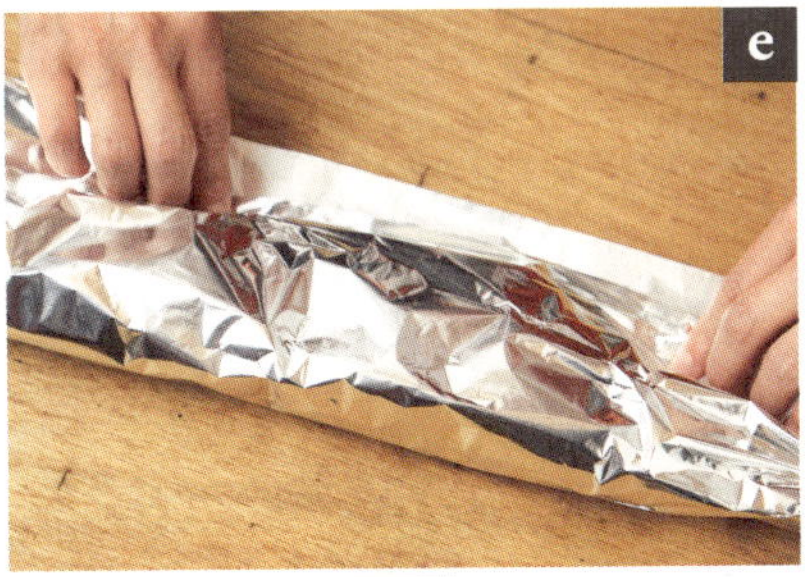

味のバランスは砂糖など、甘みを加えて調える

ハヤシライス

調理時間
20
min

材料（2人分）

牛薄切り肉…250g
玉ねぎ…1個
しめじ（小房に分ける）…1パック分
※赤ワイン（なければ水で）…75cc
デミグラスソース…1缶
ケチャップ…大さじ3
水…150cc
砂糖…小さじ1
塩・こしょう…適量
サラダ油…適量
ごはん（炊飯済）…2膳分

作り方

❶強火で熱したフライパンに油をしき、肉を入れ、塩・こしょうしてさっと炒める。火が通ったら1度ボウルに取り出しておく a。
❷玉ねぎは半分に切って食感を出すため、繊維に逆らってカットする b。
❸肉を焼いたフライパンで玉ねぎ、しめじを炒め、赤ワインを入れて沸騰させ、アクを取る。
❹鍋底についた肉の旨みをこそげ取り、デミグラスソース、ケチャップ、水を加えて中火で5分煮る。
❺砂糖で味をととのえる。仕上げに牛肉を戻し入れてひと煮立ちさせる。
❻ごはんと共に器に盛る。

a

b

味が好きなので、デミグラスソースは『ハインツデミグラスソース特選』を使うことが多いです。

アンチョビの塩味がごはんと合う

イカのトマト煮

調理時間
30 min

材料（2人分）

玉ねぎ（みじん切り）…½個分
にんにく（みじん切り）…1かけ分
鷹の爪（輪切り）…ひとつまみ
ケッパー（みじん切り）…小さじ1
アンチョビ（みじん切り）…½缶分
白ワイン…50cc
トマト缶…1個（400g入り）
※イカ（ボイル済み輪切り）…1パック（200g）
塩…小さじ½
こしょう…適量
オリーブオイル…大さじ1
ごはん（炊飯済み）…2膳分
イタリアンパセリ…飾り

作り方

1. 鍋にオリーブオイルをしき、玉ねぎ、にんにく、鷹の爪を入れ、弱火でゆっくり香りが出るまで炒める。
2. ケッパー、アンチョビを加えて軽く炒める a。
3. 白ワインを入れてひと煮たちしたら、トマト缶を入れて弱火で10分煮る。
4. イカを加えて2～3分煮て、塩こしょうで味を調える b。
5. ごはんと共に盛りつけ、イタリアンパセリを飾る。

a

b

※イカ（ボイル済み輪切り）

サバ缶のだしで、短時間調理でも旨味はばっちり

サバ缶とトマト缶のカレー

調理時間 15min

材料（2人分）

にんにく（みじん切り）…1かけ分
しょうが（みじん切り）…1かけ分
玉ねぎ（みじん切り）…½個分
カレー粉…小さじ1
サバ缶…2個（190g入り）
※1個は水けを切る

トマト缶…1個（400g入り）
※クリープ（森永乳業）…大さじ6
水…150cc
塩・こしょう…適量
サラダ油…適量
ごはん（炊飯済）…2膳分
イタリアンパセリ…飾り

作り方

❶フライパンに油をしき、にんにく、しょうが、玉ねぎを弱火でしんなりするまでゆっくり炒める。
❷❶にカレー粉を入れて炒め、香りを出す a 。

❸サバ缶、トマト缶を入れて b 混ぜ、ふたをして中火で5分煮る。
❹仕上げにクリープと水を入れ、塩・こしょうして味を調える。
❺ごはんと共に盛り付け、イタリアンパセリを飾る。

a

b

『クリープ』（森永乳業）。ミルクから生まれた成分を原料とした粉末クリーム。常備しておくと牛乳や生クリーム代わりに使えて便利。

トマト缶を入れてジューシーに仕上げる

タコライス

調理時間
20
min

材料（2人分）

玉ねぎ（みじん切り）…1/4個分
にんにく（みじん切り）…1かけ分
合挽き肉…200g
チリパウダー…小さじ1.5
カレー粉…小さじ1/3
※トマト缶…1個（400g入り）
ごはん（炊飯済）…2膳分
レタス（縦ざく切り）…1/4個分
トマト（大きめ角切り）…1個分
とろけるチーズ…2つかみ
塩・こしょう…適量
サラダ油…適量

作り方

1. フライパンに油をしき、玉ねぎ、にんにくを弱火でしんなりするまで炒める。
2. 肉を入れて中火で炒め、塩・こしょうする。
3. チリパウダー、カレー粉、塩・こしょうを入れて中火で炒めて香りを出す a。
4. トマト缶を入れ、中火で10分ほど煮る b。
5. 器にごはんを盛り、レタス→4→トマト→チーズに順に盛る。

a

b

硬い部分が残っていないタイプを選ぶのがコツ。

玉ねぎをゆっくり炒めて甘みを出すと本格味に

コーンスープドリア風

調理時間
10
min

材料（2人分）

玉ねぎ（みじん切り）…¼個分
ハーフベーコン…8枚分（72g）
ごはん（炊飯済）…2膳分
牛乳…200cc
※コーンクリームスープの素（クノール）…1袋
バター…10g
塩・こしょう…適量
とろけるチーズ…2つかみ

作り方

1. フライパンにバターを溶かし、玉ねぎとベーコンを入れ、弱火で玉ねぎがしんなりするまで炒める a 。
2. 温めたごはんを加えて箸で混ぜ、牛乳、コーンクリームスープの素を入れて中火にかけ、水分が飛ぶまで軽く混ぜる b 。
3. 煮つめたら塩・こしょうで味をととえる。
4. 熱いままグラタン皿に入れて、チーズをかけて魚焼きグリルでチーズが溶けるまで焼く c 。

『つぶたっぷりコーンクリーム』（クノール）。カップスープの素は味がきまっているので、1袋入れるだけでおいしくなる。

鶏もも肉のクリーム煮

豚すね肉で作る場合は1時間ほど煮る

調理時間 30 min

材料（2人分）

鶏もも肉（4〜5等分）…1枚（1枚250g）
水…1ℓ（具がつかる程度）
コンソメ（味の素）…1個
タイム…ひとつまみ
ローリエ…1枚
玉ねぎ（角切り）…½個分
細めにんじん（輪切り）…1本分
ごはん（炊飯済み）…2膳分
サラダ油…適量
塩・こしょう…適量
パセリ（粗みじん）…飾り

〈ルー〉
バター…15g
薄力粉…15g
煮汁…250cc
生クリーム…100cc

作り方

❶鍋に肉を入れ、具がつかる程度の水を入れて火にかける。
❷沸騰したらアクをとって、コンソメ、タイム、ローリエ、玉ねぎ、にんじんを入れて15〜20分にんじんがやわらかくなるまで弱火〜中火でコトコト煮る。
❸〈ルー〉を作る。別鍋にバターを溶かし、薄力粉を入れ、中火にかけて泡立て器で混ぜる。a 煮汁250ccを加えてのばす。
❹仕上げに生クリームを加えて混ぜる。
❺❷の鍋に〈ルー〉を入れ、塩・こしょうで味を調え、中火でひと煮たちさせる。
❻ごはんと共に盛り付け、パセリをふる。

a

〈目玉焼き〉

フライパンに多めの油（大さじ1.5）を熱し、卵を割り入れ、中火で周囲がチリチリと揚がるくらいまで焼く c。

大葉はバジルと同じシソ科なので本格風味に仕上がる

タイ風ガパオ

調理時間 20 min

材料（2人分）

にんにく（みじん切り）…1かけ分
しょうが（みじん切り）…1かけ分
鶏ひき肉…300g
パプリカ赤黄（小さい角切り）
…各1/4個分
玉ねぎ（小さい角切り）…1/2個分
オイスターソース…大さじ2

ナンプラー…小さじ1
大葉（手でちぎる）…10枚分
ごはん（炊飯済み）…2膳分
サラダ油…適量
〈つけあわせ〉
〈目玉焼き〉…2個
きゅうり（斜め薄切り）…8枚

作り方

1. フライパンに油をしき、にんにく、しょうがを弱火で炒めて香りを出し、肉を加えて中火で炒める。
2. パプリカと玉ねぎを加えて中火で玉ねぎが透明になるくらいまで炒め、オイスターソースとナンプラーで味をつける a。
3. 大葉を重ねたまま手でちぎって、混ぜる b。
4. ごはんと共に盛り、〈目玉焼き〉を乗せ、きゅうりを添える。

せん切りのシャキシャキ野菜と
熱々のカレールゥが好相性

じゃがいもカレー

調理時間
30
min

材料（2人分）

〈煮る野菜〉
- じゃがいも（メークイーン）…4個分
- にんじん（乱切り）…1本分
- 玉ねぎ（くし切り）…1個分

豚こま切れ肉…200g
水…約1ℓ（具がつかる程度）
カレールウ（ジャワカレー中辛）…½箱分
ごはん（炊飯済み）…2膳分
サラダ油…適量

〈つけあわせ〉
- キャベツ（せん切り）…4枚分
- マヨネーズ…大さじ1

作り方

❶〈煮る野菜〉を切る。大きめに切ったじゃがいもはホクホクに。小さめに切ったじゃがいもは溶けてトロトロになる a。

❷フライパンに油を熱して肉、❶を入れて中火で軽く炒める b。

❸水を入れ、大きいじゃがいもが柔らかくなるまで煮る。

❹カレールウを入れる。

❺キャベツはせん切りにして水に5分ほどさらして、ザルとボウルを重ね、上下に振って水けを切る c。

❻ごはんと共に盛る。

a

b

c

おたまを使って強火で炒めるのがおいしく作るコツ

ベーコン入り炒飯

調理時間 15 min

材料（2人分）

長ねぎ（みじん切り）…½本分
溶き卵…3個分
ごはん（炊飯済み）…2膳分
ハーフベーコン（みじん切り）…4枚分（36g）

顆粒中華だし…小さじ1
塩・こしょう…適量
サラダ油…適量

作り方

1. 長ねぎは左手で転がしながら、包丁でざくざく刺してから切ると、簡単にみじん切りになる a。
2. 油をしき、熱したフライパンに溶き卵を流し入れ、すかさず温かいごはんを投入する b。
3. おたまの背でごはんの塊をつぶしながら、フライパンを振って強火で全体を炒める c。
4. 卵とごはんが混ざったら、ベーコンを入れて味見をし、塩・こしょう、顆粒中華だしを加えて味を調え、再び同様に炒める。
5. 火を止める前に長ねぎを入れ、軽く混ぜて完成。

中華丼

ザルにあげて余分な水けと油を切る

調理時間 15min

材料（2人分）

〈冷蔵庫残り野菜〉
- にんじん（たんざく切り）…1/4本分
- しいたけ（1/4に切る）…2〜3枚分
- 玉ねぎ（くし切り）…1/2個分
- 白菜（ざく切り）…大きい葉2枚分
- にら（3㎝長さ）…1/2束分

ごま油…小さじ1
にんにく（みじん切り）…1/2かけ分
しょうが（みじん切り）…1/2かけ分
豚こま切れ肉（ザク切り）…200g

〈スープ〉
- 水…200cc
- 中華だしの素（顆粒）…小さじ1/2

〈調味料〉
- オイスターソース…大さじ1
- 砂糖…小さじ1/2
- 塩・こしょう…少々

〈水溶き片栗粉〉
- 片栗粉…大さじ1
- 水…大さじ1

サラダ油…適量
ごはん（炊飯済）…2膳分

作り方

❶均一に火を通すため、野菜の大きさを揃えて切る。
❷フライパンに油を熱し、にんじん、しいたけ、玉ねぎ、白菜（軸）を中火で炒める。炒まってきたら白菜（葉）を入れる。
❸にんじんに火が通ったら余分な油を切るために、ザルにあげる。
❹フライパンにごま油を入れ、弱火でにんにく、しょうがを炒めて香りが出たら、肉を入れて中火で炒める。
❺肉に火が通ったらザルにあげていた野菜を戻し入れる。
❻にら※、〈スープ〉、〈調味料〉を入れ、味をととのえる。※加熱しすぎたくない野菜は最後。
❼沸騰したら〈水溶き片栗粉〉でとろみをつけ、ごはんにかける。

辛いのが苦手な方はカレーペーストを少なめに

グリーンカレー

調理時間 30 min

材料（2人分）

〈野菜〉
- なす（乱切り）…1〜2本分
- パプリカ赤黄（乱切り）…各½個分
- 竹の子水煮（細切り）…1袋分
- ピーマン（乱切り）…2〜3個分

※鶏もも肉（ひと口大）…1枚（250g）
グリーンカレーペースト…1袋

ココナッツミルク…1缶（400㎖入り）
水…200cc
ナンプラー…大さじ1
砂糖…大さじ1
塩・こしょう…適量
サラダ油…適量
ごはん（炊飯済み）…2膳分

作り方

1. 〈野菜〉を切る a。
2. フライパンに油をしき、肉を入れて塩・こしょうし、中火で炒める。
3. 肉の色が変わったらグリーンカレーペーストを加えて軽く炒め、ココナッツミルク、水を加えて強火で沸かす。
4. ピーマン以外の〈野菜〉を入れて中火で20分ほど煮込み、火を通す。
5. 仕上げにピーマンを入れ b、ナンプラー、砂糖などで味を調える。
6. ごはんと共に盛る。

味が好きなので、グリーンカレーペーストは『メープロイ』を使用。

レトルトに香りと肉をプラスして本格的に

赤麻婆丼

調理時間 10 min

材料（2人分）

にんにく（みじん切り）…1かけ分
しょうが（みじん切り）…1かけ分
豚挽き肉…150g
市販の麻婆豆腐
（cook Do四川式麻婆豆腐）…1袋
豆腐（さいの目切り）…1丁
長ねぎ（みじん切り）…½本分
サラダ油…適量
塩・こしょう…適量
ごはん（炊飯済み）…2膳分

〈トッピング〉
生卵…2個

作り方

❶フライパンに油をしき、にんにく、しょうがを弱火で炒めて香りを出す a。
❷香りが出たら、肉を入れて b、塩・こしょうし、中火でしっかり炒める。
❸麻婆豆腐の素、豆腐を入れてひと煮たちさせる。
❹長ねぎを加えたらすぐに火を止める c。
❺ごはんと共に盛り、生卵をのせる。

a

b

c

味つけはラタトゥイユ風が志麻さん流

ナポリタン

調理時間 20min

材料（2人分）

〈野菜〉
- 玉ねぎ（串切り）…½個分
- にんじん（半月薄切り）…¼本分
- なす（半月薄切り）…1本分
- ズッキーニ（半月薄切り）…½本分
- ピーマン（細切り）…2個分

ソーセージ（厚め斜めスライス）…4本分
パスタ（乾麺）…200g
ケチャップ…大さじ6
オリーブオイル…適量
サラダ油…適量

〈つけあわせ〉
- 半熟目玉焼き…2個
- ブロッコリー…小房8〜10個

塩・こしょう…適量
黒こしょう…適量
粉チーズ…適量

作り方

1. フライパンにオリーブオイル、〈野菜〉、ソーセージを入れ中火でしんなりするまで炒める a。
2. 塩・こしょうで味をつけ、ケチャップ（大さじ2）と和えておく b。
3. たっぷりの湯をわかし、飲んでおいしいと思う程度の塩を入れる。
4. パスタを袋の表示時間どおりゆで、ブロッコリーはパスタのゆで上がり1分前に投入する c。
5. パスタとブロッコリーをザルにあげ、ブロッコリーは最後に添えるので取り分けておく。
6. ゆであがったパスタをフライパンに入れ、ケチャップ（大さじ4）で味をつけ、中火で炒め d、塩・こしょうで味を調える。
7. 半熟目玉焼きを作る。フライパンに油をしき、中火で熱し、卵を落として弱火にし、ふたをして2〜3分焼く e。
8. ナポリタンを器に盛り、目玉焼き、ブロッコリーをのせる。
9. 黒こしょう、粉チーズをかける。

調理のポイント

a

b

c

d

e

キャベツの固い軸は外して
葉っぱだけ使うとレストランの味に

キャベツ、オイルサーディンのアーリオオーリオ

調理時間 10 min

材料（2人分）

パスタ（乾燥）…200g
キャベツ（軸を除いて手でちぎる）…4枚分（200g）
オイルサーディン……1缶（105g）

〈ソース〉
オリーブオイル…大さじ3
にんにく（半分に切って割ってつぶす）…1かけ分
鷹の爪（輪切り）…1本分
ゆで汁…大さじ2
塩・こしょう…少々

作り方

1 たっぷりの湯をわかし、飲んでおいしいと思う程度の塩を入れ、パスタは袋の表示時間より1分短くゆでる。キャベツはパスタをあげる2分前に投入する **a**。

2 パスタとキャベツを一緒にザルにあげる **b**。※ゆで汁はとっておく。

3 〈ソース〉を作る。フライパンにオリーブオイル、にんにく、鷹の爪を入れ弱火で炒めて香りを出し、ゆで汁（大さじ2）を加えてソースを作り、塩・こしょうで味を調える **c**。

4 オイルサーディンを手でつぶして加える **d**。
※オイルサーディンはボロボロになりやすいので、加えたらさわらずに、フライパンをふるように混ぜる。

5 フライパンにパスタとキャベツを加え、中火で炒める **e**。

6 味見をして油っぽいと思ったらゆで汁を足す。

7 仕上げに塩・こしょうをかけて味を調える **f**。

調理のポイント

a

b

c

d

e

f

短時間で仕上げたいので、玉ねぎは薄切りに
マカロニは早ゆでタイプを選ぶ

ブロッコリーとマカロニのグラタン

調理時間
20
min

材料（2人分）

玉ねぎ（薄切り）…½個分
ハーフベーコン（細切り）…4枚分
ブロッコリー…小房12個
小麦粉…小さじ2
牛乳…470cc

早ゆでマカロニ（乾燥）※…100g
とろけるチーズ…ひとつかみ
サラダ油…適量
塩・こしょう…適量
バター…15g

作り方

1 フライパンにバターを溶かし、玉ねぎを加えて、塩少々（脱水のため）をふり、弱火で透明になるまで炒める a。
2 ベーコンとブロッコリーを加えて炒め、小麦粉を加えて水けがなくなるまで軽く炒める b。
3 牛乳を加えて中火でわかす c。

4 塩をひとつまみ入れて、わいたら早ゆでマカロニを加え、軽く混ぜながら火を通して煮つめ、塩・こしょうで味を調える d。
5 グラタン皿に入れてチーズをかける e。
6 魚焼きグリルで5～10分焼いて焼き色をつける f。※オーブンの場合は230℃で5～10分が目安。

マ・マー マカロニ
『早ゆで1分30秒
クルル』（日清フーズ）

マカロニをゆでる時は沈めておかないと固い部分が残るので注意。

調理のポイント

スープをスプーンに取り、アリッサを混ぜながら食べる

クスクス

調理時間 30 min

材料（2人分）

鶏手羽元…6本
玉ねぎ（くし切り）…1個分
にんじん（縦4つ切り）…小1本分
トマトペースト…2包（30g）
白ワイン…150cc
水…800cc（具がつかる程度）
コンソメ（味の素）…1個
なす（縦4つ切り）…1〜2本分
ズッキーニ（輪切り）…1本分
パプリカ赤黄（縦3等分）…各½個分
かぶ（半分）…1個分
ソーセージ（チョリソー）…4本
クスクス…100g
オリーブオイル（香りづけ）…小さじ1
塩・こしょう…適量
※サラダ油…適量
アリッサ（ハリッサ）…お好み

作り方

❶深めのフライパンに油をしき、キッチンペーパーで水けを取り、塩・こしょうをした肉を強火で焼き、焼き色をつける **a**。
❷❶に玉ねぎ、にんじんを加えて中火で炒め、トマトペーストを入れて軽く炒める **b**。
❸白ワイン、水を入れて沸騰させてアクを取り、コンソメを入れてふたをして10分煮る。
❹なす、ズッキーニ、パプリカ、かぶを入れて柔らかくなるまで中火で10分煮る **c**。
❺仕上げにソーセージを加え、5分煮る **d**。
❻クスクスは同量の湯（100cc）で戻し、香りづけにオリーブオイルを入れて30分置く **e**。
❼クスクスを手でほぐしてから皿に盛り、具を盛りつけてスープをかける **f**。
❽アリッサをスープに混ぜながら食べるとおいしい。

クスクスを食べる際スープに『HARISSA』（KALDI）を混ぜると、味わいが豊かになる。

調理のポイント

にんにくとオリーブオイルでペペロンチーノ風に

ペペロンチーノ風焼きそば

調理時間 10 min

材料（2人分）

にんにく…1かけ分
鷹の爪…1本
ハーフベーコン…8枚（72g）
※スモークチキン、ソーセージで代用可

小松菜（ザク切り）…$\frac{2}{3}$束分
※またはブロッコリー、アスパラ、ほうれんそう、菜の花で代用可
焼きそば麺…2玉
塩・こしょう…適量
オリーブオイル…適量

作り方

1. フライパンにオリーブオイル、にんにく、鷹の爪を入れ、弱火にかけて香りを出す。
2. ベーコンを入れて中火で焼き色をつける a。
3. 小松菜を加え、中火で軽く炒める。
4. 麺を入れ、塩をひとつまみ程度ふる b。
5. 水を100ccくらい入れてふたをして弱火〜中火で1分ほど蒸し焼きにする c。
6. オリーブオイル、塩・こしょうを加えて、味を調える。

甜麺醤の安いチューブでも砂糖でコクを足し
にんにく、しょうがをしっかり利かせて本格味に

ジャージャー麺

調理時間 20 min

材料（2人分）

にんにく（みじん切り）…1かけ分
しょうが（みじん切り）…1かけ分
豚ひき肉…250g
たけのこ水煮（みじん切り）…約100g
A ┌ 甜麺醤（ユウキ食品）…大さじ3
  │ 醤油…大さじ1
  └ 砂糖…小さじ2

〈水溶き片栗粉〉
┌ 片栗粉…小さじ1.5
└ 水…大さじ1
ごま油…少々
焼きそば麺…2玉

〈つけあわせ〉
きゅうり（細切り）…1本分

作り方

❶フライパンにごま油、にんにく、しょうがを入れて弱火にかけて香りを出す。
❷肉を入れて中火で炒め、火が通ったらたけのこを入れ a、Aを入れてからめる。
❸水溶き片栗粉でとろみをつける。
❹麺を熱湯で湯どおし、余分な油を落とし、ザルにあげておく b。
❺麺を器に盛り、きゅうりと❸を盛り付ける。

a

b

パッタイソースの〝タマリンド〟を梅干しで代用

パッタイ風うどん

調理時間 20 min

材料（2人分）

もやし…1袋
厚揚げ（拍子木切り）…1枚分
エビ（ブラックタイガー）
（殻を外して背わた取る）…6尾
豚こま切れ肉…100g
ゆでうどん…1玉
にら（5㎝長さ）…½袋分
溶き卵…2個分
レモン（くし切り）…2個
サラダ油…適量
塩・こしょう…適量
〈ソース〉
はちみつ梅干し…4個
オイスターソース…大さじ1
ナンプラー…大さじ2
砂糖…小さじ1

作り方

❶フライパンに油をしき、中火でもやしをさっと炒め、ザルにあげる。
❷フライパンに油をしき、厚揚げは中火で皮がカリっとなるまで焼き色をつけ、ザルにあげる a。
❸エビと肉を中火で炒め、塩・こしょうしてザルにあげる b。
❹フライパンにうどんを入れ、水大さじ1を加え、ふたをして1分蒸し焼きにする。
※途中で1回混ぜる。
❺うどんを寄せたすき間に卵を落とし、ざっくり混ぜて卵を焼く。
❻〈ソース〉を入れて弱火であえ、❸、にらを加えてあえる c。
❼器に盛り、レモンを添える。

肉はしっかり味つけし、野菜は味をつけずシャキッと

本格ソース焼きそば

調理時間 10 min

材料（2人分）

チンゲンサイ（ざく切り）…1株分
玉ねぎ（くし切り）…½個分
にんじん（細切り）…¼本分
にんにく（みじん切り）…1かけ分
しょうが（みじん切り）…1かけ分

牛こま切れ肉…200g
粉末ソース（添付のもの）…1袋
オイスターソース…大さじ1
焼きそば麺…2袋（300g）
サラダ油…適量

作り方

❶フライパンに油をしき、中火でチンゲンサイ（茎）、玉ねぎを2〜3分ほど炒める。チンゲンサイ（葉）、にんじんを加えて30秒炒めてザルにあげる a。

❷フライパンに油をしき、にんにく、しょうがを弱火で炒めて香りを出し、肉を入れて中火で炒める。

❸粉末ソース⅓袋とオイスターソースで味をつけ、ザルにあげる b。

❹フライパンは洗わずに麺と大さじ1の水を入れ、ふたをして麺を1分蒸し焼きにする。※途中で混ぜる。

❺水けが飛んだらよくほぐし、残りの粉末ソースを加えて混ぜ、具を戻してさっと混ぜる c。

a

b

c

熱々のパスタをボウルに入れて、卵を適度に加熱する

カルボナーラ

調理時間 15 min

材料（2人分）

パスタ（乾燥）…200g
にんにく（つぶす）…1かけ分
ハーフベーコン（短冊切り）…8枚分（72g）
塩・黒こしょう…適量
オリーブオイル…大さじ1
〈卵液〉
生クリーム…100cc
粉チーズ…大さじ4
溶き卵…2個分

作り方

1. たっぷりの湯をわかし、飲んでおいしいと思う程度の塩を入れ、袋の表示時間どおりパスタをゆでる。
2. フライパンにオリーブオイル、にんにく、ベーコンを入れ、弱火でにんにくの香りが出るまで炒める。
3. 〈卵液〉の材料をボウルに入れ、箸で混ぜておく a。
4. 熱々のゆでたてパスタ、2をボウルに入れ熱々のうちにからめる b。
5. 味見をしてから、塩・こしょうして味を調える。

めんつゆ（旨味＋甘み）＋酢（酸味）を加えてコクのあるキムチ味に

豚肉キムチうどん

調理時間
10 min

材料（2人分）

白菜（ざく切り）…2枚分
にんじん（短冊切り）…⅓本分
玉ねぎ（くし切り）…½個分
ピーマン（乱切り）…2個分
豚バラ肉…200g
ゆでうどん…2玉
キムチ…1パック（340g）
※めんつゆ…大さじ1
米酢…大さじ1.5
塩・こしょう…適量
サラダ油…適量

作り方

❶白菜、にんじん、玉ねぎを中火で炒め、火が通ったらピーマンを加えてさっと炒め、ザルにあげる a。

❷フライパンに肉を入れて塩・こしょうして中火で炒める。

❸肉の色が変わったらうどんを入れ、水（大さじ1）を加えてふたをして2～3分弱火で蒸し焼きにする。※途中でいったん混ぜる。

❹❶を戻し入れ、キムチは汁ごと、めんつゆ、米酢も入れて混ぜる b。

『濃いだし本つゆ』（キッコーマン）。甘すぎず、味のバランスが良くて重宝。

中のチーズとホワイトソースをじっくり温めるのがおいしさの秘訣

クロックムッシュ

材料（2人分）

食パン（8枚切り）…4枚
とろけるチーズ…4つかみ
ハム…4枚

〈ホワイトソース〉
バター…40g
小麦粉…40g
牛乳…480cc

調理時間 20 min

作り方

1. ホワイトソースを作る（P.110参照）。
2. パンの上にホワイトソースをふちまでたっぷりと塗る a。たっぷりと塗ることでホワッとした食感になる。
3. チーズをひとつかみのせる b。
4. ハム2枚をのせる c。
5. 再びホワイトソースをふちまでたっぷりと塗る d。
6. パンを重ねて、ホワイトソースをふちまでたっぷりと塗り、チーズを重ねる e。
7. 230℃のオーブントースターで5〜10分焼いて焼き色をつける f。

〈ホワイトソースの保存方法〉
※レシピの詳細はP.110参照

冷蔵
1. 保存容器に入れる。
2. 落としラップをして乾燥を防ぐ。
3. ふたをする。

保存
※冷蔵庫で3〜4日保存可能。

冷凍
1. 使う分量ずつ小分けにする。

保存
※冷凍庫で1ヵ月保存可能。
※使うときは冷蔵庫で解凍しておく。

調理のポイント

マヨネーズやバターをパンに塗らないシンプル味

サンドイッチ

調理時間 20 min

材料（2人分）

食パン（8枚切り）…6枚

〈ツナオニオン〉
- ツナ油漬け…1缶
- マヨネーズ…大さじ2
- たまねぎ（みじん切り）…1/8個分
- きゅうり（斜め薄切り）…1/2本分

〈ベーコンエッグ〉
- ハーフベーコン…4枚（36g）
- 〈トロトロ卵〉（P.12参照）…2個分
- ケチャップ…大さじ1

〈残り物ナポリタン〉
- ナポリタン…130g（P.32参照）
- ケチャップ…大さじ1

作り方

〈パン〉
① パンは普段どおりトースターで焼く。

〈ツナオニオン〉
① ツナの汁けをさっと軽く切る。マヨネーズ、玉ねぎを加えてあえる（下写真）。
② きゅうり、〈ツナオニオン〉をパンにはさむ a。

〈ベーコンエッグ〉
① 中火で熱したフライパンに油をしき（分量外）、ベーコンを入れ、焼き色がつくまで焼いて b、取り出しておく。
② 〈トロトロ卵〉を作る c。
③ パンに卵をのせ、ケチャップの塗って、ベーコンをのせる d。

〈ナポリタン〉
① 電子レンジでナポリタンを温め、味がとんで薄くなっているのでケチャップを混ぜる e。
② パンではさむ f。

ツナオニオン

調理のポイント

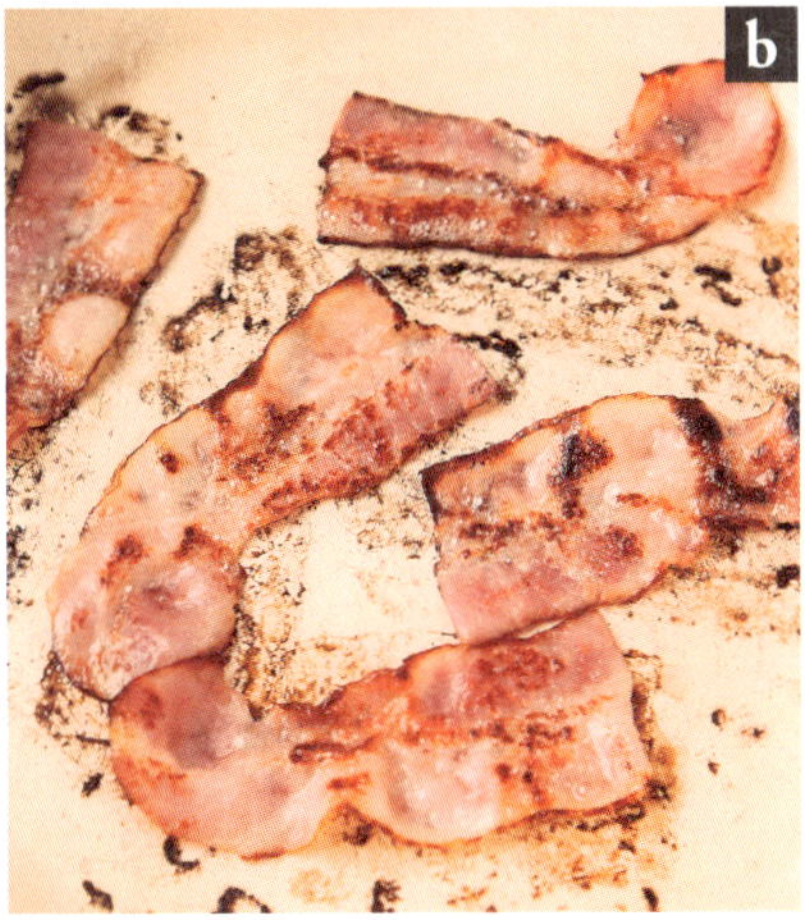

※生野菜と盛りつけ

塩味タイプの食事になるフレンチトースト

フレンチトーストサレ

調理時間 20 min

材料（2人分）

〈卵液〉
- 溶き卵…2個分
- 牛乳…200cc
- 砂糖…小さじ1

食パン（8枚切り）…4枚
とろけるチーズ…ひとつかみ
ハム…4枚
バター…40g

作り方

❶ボウルに〈卵液〉を箸で混ぜ合わせる。

❷パンを❶につけ込み、上下を返しながら4枚全てに卵液を吸い込ませる。5分経ったらひっくり返し、さらに5分置く。

❸フライパンにバターを入れて中火で溶かしたら、弱火にしてパン→チーズ→ハム→チーズの順に重ねてパンをかぶせる a。

❹弱火で3分ほど焼いてひっくり返し、3分ほど焼く。ゆっくり焼くことで中のチーズを溶かす b。

POINT
弱火で焼かないと焦げ付くけれど、バターが沸騰していないと油っこく仕上がるので注意 c。

パンはピザ生地感覚で、
好きなものをのせて食べればOK

タルティーヌ

調理時間
15
min

材料（2人分）

なす（薄い輪切り）…8枚
小さめトマト（薄い輪切り）…8枚
モッツァレラチーズ（薄切り）…8枚
オリーブオイル…適量

食パン（8枚切り）…2枚
生ハム（ちぎる）…4枚分
バジル…2枚
塩・こしょう…適量

作り方

❶魚焼きグリルにアルミホイルをしき、野菜とチーズを写真のように並べる a。
❷オリーブオイルをかけて、塩をふり強火で5分焼く b。
❸パンは半分に切ってトースターでカリカリに焼く c。
❹パンに❷をフライ返しで崩れないようにそっとのせる。
❺生ハム、バジルをのせて好みで塩・こしょうする。

お肉は外にトッピングすると固くなるので、生地の間に挟み込む

お好み焼き

調理時間 20 min

材料（2人分）

豚ばら肉…200g
焼きそば麺…1袋
粉末ソース（添付のもの）…1袋
サラダ油…適量

〈生地〉
お好み焼き粉…100g
水…150cc（袋に記載している分量）
卵…1個

〈冷蔵庫残り野菜〉
もやし…1袋
にんじん（細切り）…1本分
パプリカ赤黄（細切り）…各½個分
キャベツ（せん切り）…2～3枚分

〈トッピング〉
お好みソース（オタフク）…適量
マヨネーズ…適量
かつおぶし…適量
万能ネギ（小口切り）…適量

作り方

❶フライパンに油をしき、肉を中火で炒める。
❷火が通ったら麺を加え、粉末ソースで味をつけ、皿に出しておく **a**。
❸〈生地〉を袋の表示どおりに混ぜて作り、〈冷蔵庫残り野菜〉とざっくり混ぜ合わせる **b**。
❹油をしいたフライパンを弱火～中火で熱し、❸の半量をフライパンに入れ、間に❶を挟む **c**。
※肉は中に入れると固くならない。

❺上から残りの生地をかける **d**。
❻弱火でふたをして4分焼き、ひっくりかえしたら反対側も同様に4分焼く **e**。
※ヘラでおさえつけないのがふわっとおいしくしあがるコツ。
❼器に盛り、トッピングをかけて仕上げる。

ふんわり軽い食感に仕上がる『日清おこのみ焼粉』。

調理のポイント

野菜は生でも食べられるよう細切りにして、さっと湯通ししてサラダ感覚で食べる

野菜たっぷり豚しゃぶ鍋

調理時間 20 min

材料（2人分）

〈冷蔵庫残り野菜〉

- えのき・しいたけ…各1パック
- まいたけ…2パック
- エリンギ…1パック

- 白菜（細切り）…1/8株分
- 水菜（ざく切り）…1/2束分
- もやし…1袋

- にんじん（細切り）…1/2本分
- ごぼう（ささがき）…1本分
- 大根（細切り）…1/4本分

昆布だし…1包
水…1.5ℓ（鍋の大きさによって加減する）
豚肉しゃぶしゃぶ用…400g
ポン酢（ごまダレ）…適量

作り方

❶きのこは石づきを切る。えのきのサイズに合わせてまいたけは手で裂き、しいたけとエリンギは包丁で切る a。

❷きのこ以外の野菜は水に5分さらし、ザルとボウルを重ねて上下に振って水気を切る b。

❸鍋にだしと水を入れて火にかけ、❶のきのこ、❷の野菜を入れる。

❹肉を1枚ずつ入れ、しゃぶしゃぶして野菜をくるんで好みのタレにつけて食べる。

a

b

Part 2

時間がない日の
すぐ出来
単品おかず

具だくさんの主役サラダから、
肉のおいしさを最大限に引き出した肉料理、
ムズカシイこと抜きな魚料理、
はじめてでもおいしく作れる野菜・肉・魚レシピがいっぱいです。

ドレッシングにマスタードを少し加えることで、酸味が抑えられて風味が増す

リヨネーズサラダ

調理時間 20 min

材料（2人分）

〈野菜〉
- レタス（ちぎる）…1/2個分
  ※芯を手に持って葉を外側からちぎる a
- 赤たまねぎ（薄切り）…1/2個分
- きゅうり（細切り）…1本分

〈バルサミコドレッシング〉
- バルサミコ酢…小さじ1
- 米酢…20cc
- 塩…ひとつまみ
- こしょう…適量
- マスタード（マイユ）…小さじ1
- 米油…40cc
- オリーブオイル…20cc

砂肝（4等分）…100〜150g
塊ベーコン（2cm厚さに切る）…100g
黒こしょう…適量
〈手作りクルトン〉…適量
〈ポーチドエッグ〉…2個

生食する油は、サラダ油ではなく米油（左）やなたね油を使用。ナッツ系オイル（右）を少し加えると旨味が増す。

作り方

〈野菜〉

❶野菜は水に5分さらし、ザルとボウルを重ね、上下に振って水気を切る。すぐに食べない場合は器に盛り、ラップをして冷蔵庫に入れておく。

〈バルサミコドレッシング〉

❶ボウルに酢、塩、こしょう、マスタードを入れてよく溶かす。

❷油をゆっくり入れながら泡立て器で混ぜる b。

〈砂肝・ベーコン〉

❶薄切りにした砂肝に少し強めの塩をする c。

❷油をしいたフライパンに❶とベーコンを入れ、中火強でさわらずに焼き色をつける。

〈仕上げ〉

❶野菜に〈砂肝・ベーコン〉、〈手作りクルトン〉、〈ポーチドエッグ〉をのせる。

❷黒こしょうをかけ、〈バルサミコドレッシング〉をかけて食べる。

調理のポイント

〈手作りクルトン〉

❶食パン（8枚切り）1枚を160℃のオーブンに20分ほど入れ、カリカリに焼き、手でザックリと割る。

〈ポーチドエッグ〉

直径15㎝程度の深型鍋にたっぷりの湯を沸かし、酢（大さじ1）と塩（ひとつまみ）を入れる。軽く沸騰してきたら泡の上に割っておいた卵を落とし入れる。

フォークの背で黄身を白身でくるむように支えながら2分くらいゆでる。

おたまなどですくって、氷水（冷たい水）の中に落として、ブヨブヨした部分をキッチンバサミで切る。

水けはキッチンペーパーで拭き、ラップをして冷蔵庫に入れておく。

野菜のコンフィ

コンフィは低温調理でゆっくり火が入るから、野菜の糖度が増して、甘みがアップする

調理時間 20 min

材料（2人分）

〈野菜〉
- 細めにんじん（厚め輪切り）…1本分
- ごぼう（2cm長さ輪切り）…½本分
- にんにく（丸ごと）…4粒
- じゃがいも（メークイーン）（縦半分）…2個分
- れんこん（厚め輪切り）…½個分

- サラダ油…400cc
- タイム…ひとつまみ
- ローリエ…1枚
- 塩・こしょう…適量
- パセリ（粗みじん）…飾り

作り方

1. 〈野菜〉を切る **a**。
2. 冷たい油に塩ひとつまみ、タイム、ローリエ入れ、弱火でポコポコと泡が出るまで温める **b**。
3. にんじん、ごぼう、にんにくを入れ、弱火で約5分煮る **c**。
4. じゃがいも、れんこんを入れて弱火で10分程度煮る **d**。
5. 爪楊枝で刺してみて、スッと入ったら取り出す **e**。

※すぐに食べない場合は油に漬けたまま、空気にふれないよう落としラップをして冷蔵庫で保存（P.10参照）。

6. フライパンに油をしき、強火で焼き色をつけ、塩・こしょうする **f**。
7. 器に盛って、パセリをかける。

〈コンフィの油〉

作った油はザルで漉す。

ビンに移し替え冷蔵庫で保存。2週間に1度程度火入れすればずっと使える。

調理のポイント

a

b

c

d

e

f

食卓でライスペーパーに好みの具材を巻いて作る

手巻き生春巻き

調理時間 20 min

材料（8本分）

緑豆はるさめ（乾燥）…2袋
鶏ささみ…4本
エビ（ブラックタイガー）
（殻を外して背わたを取る）…8尾

〈野菜〉
きゅうり（細切り）…1本分
にんじん（細切り）…1/2本分
パクチー（ざく切り）…1/2束分

大葉…10枚
生春巻きの皮…8枚
お湯（40℃程度）…適量
スウィートチリソース…適量

作り方

❶鍋に湯を沸かし、はるさめを袋の表示通りゆでる。

❷沸騰した湯にささみとエビを入れ、すぐに火を止める。5分したらザルに取り出す。ささみは手でほぐし、筋を外す **a**。

❸〈野菜〉は水に5分さらし、ザルとボウルを重ね、上下に振って水気を切る。

❹器に〈野菜〉、はるさめ、エビ、ささみ、大葉を盛りつける **b**。

❺40℃程度の湯をボウルにはる。

❻食卓で巻いて食べる。

①ライスペーパーを湯にくぐらせる **c**。
②好みの野菜、はるさめをのせて少し巻く **d**。
③両端を折って、端にエビ（ささみ）を置く **e**。
④巻く **f**。

〈エビの下処理〉

殻をむく。

爪楊枝で背わたを取る。

調理のポイント

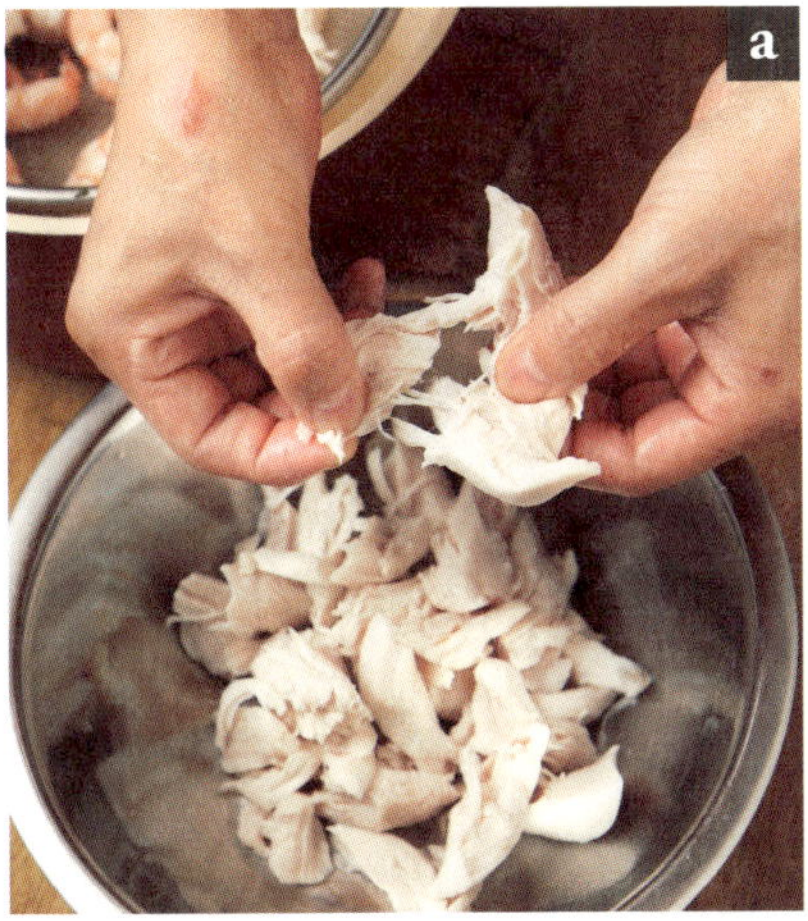
a

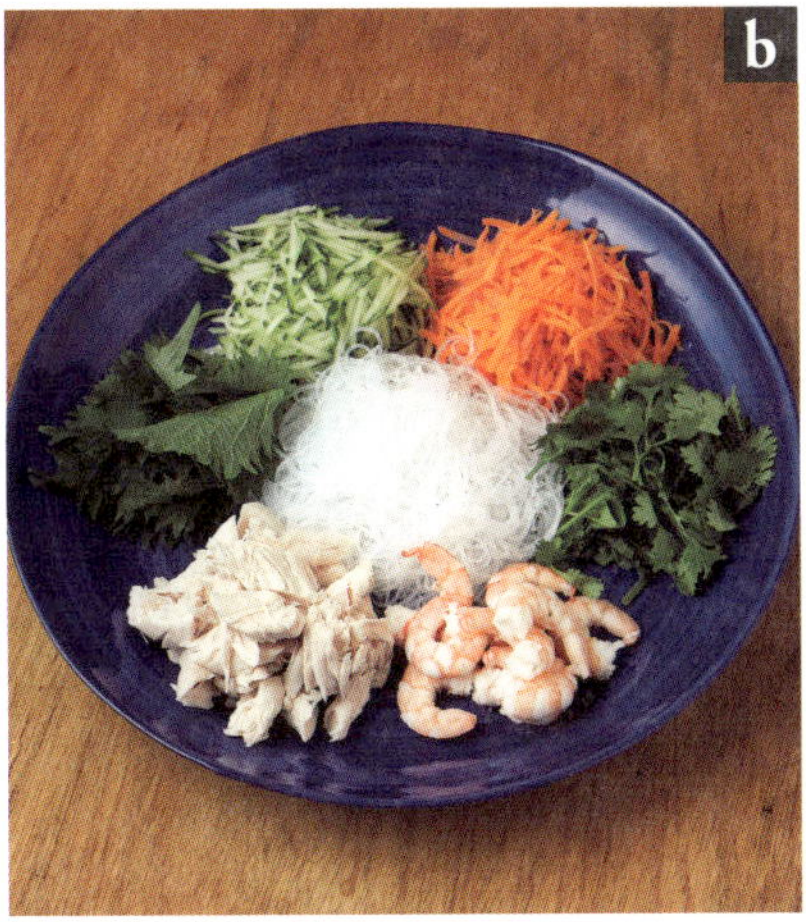
b

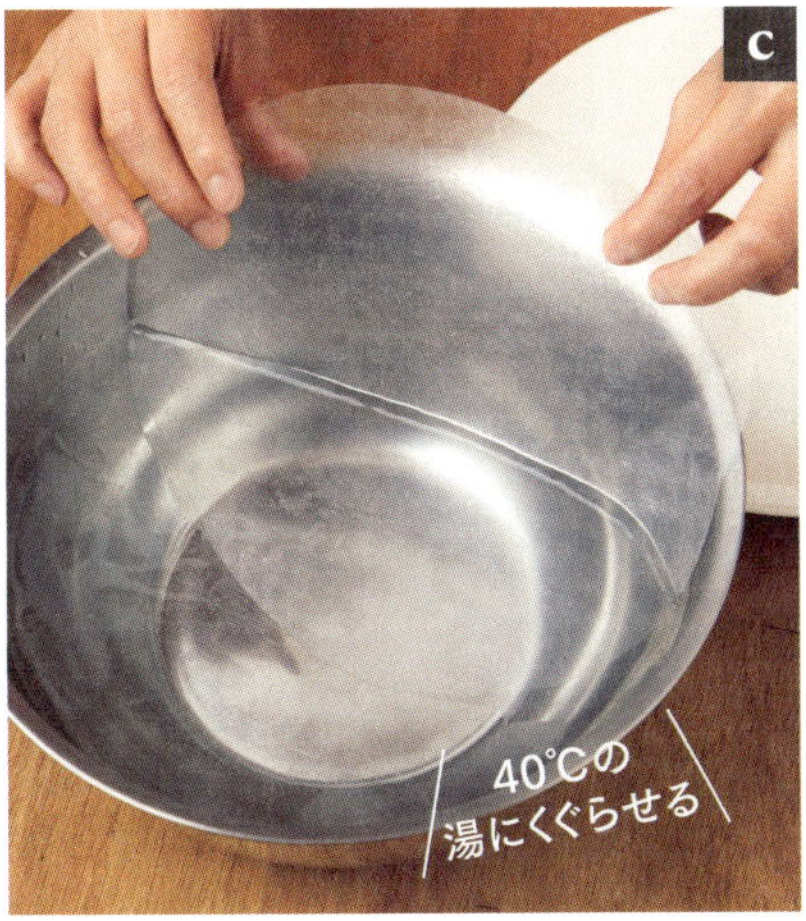
c
40℃の
湯にくぐらせる

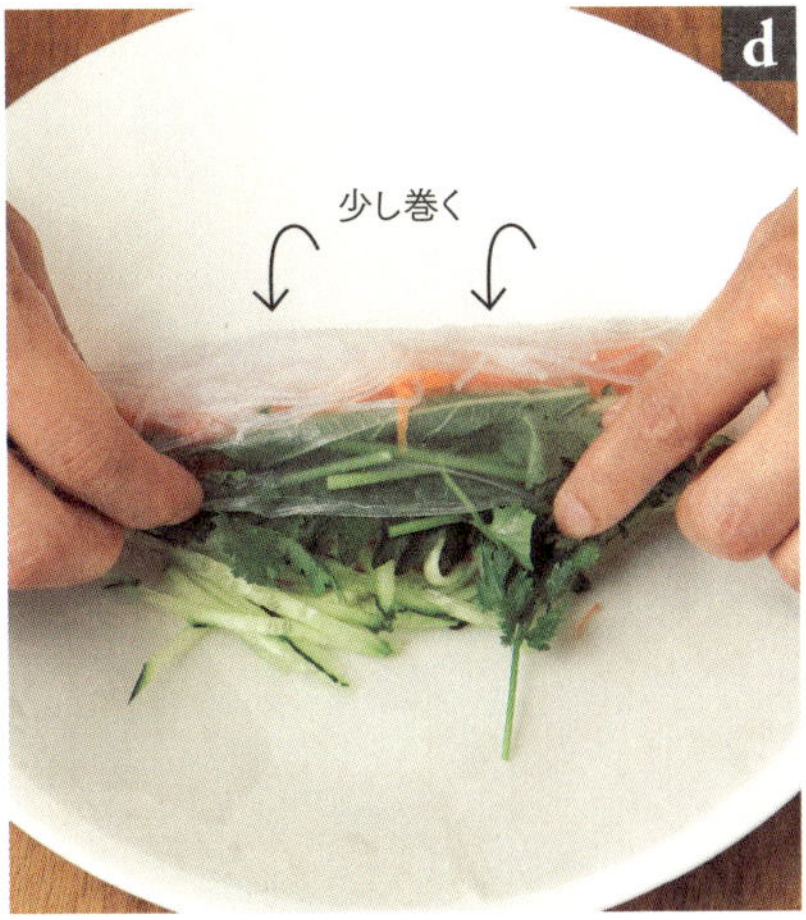
d
少し巻く

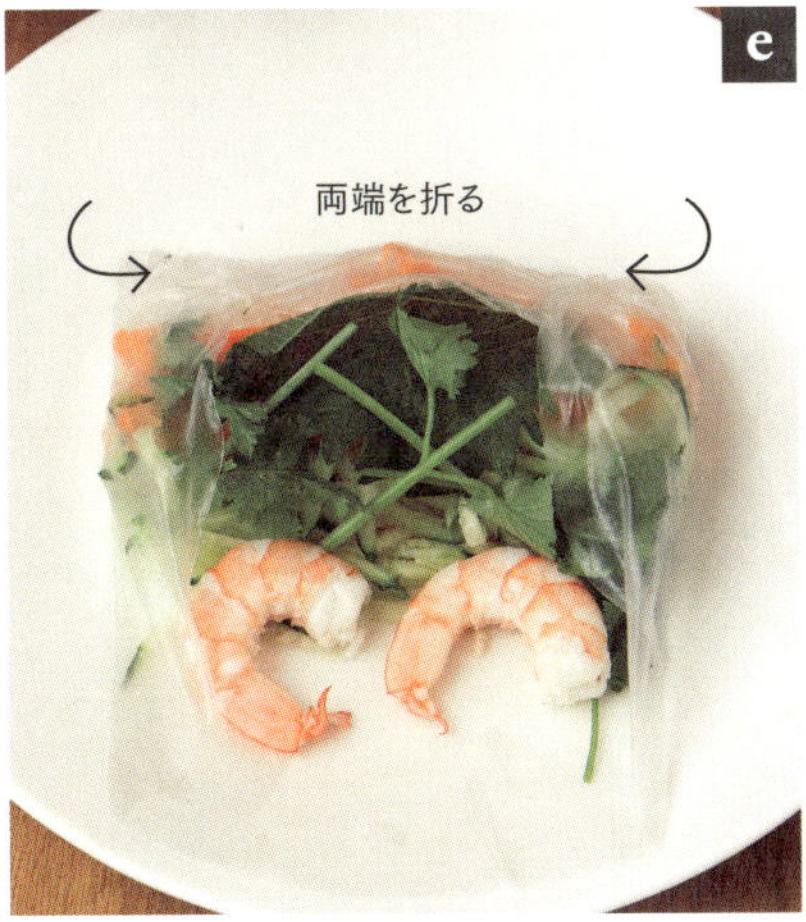
e
両端を折る

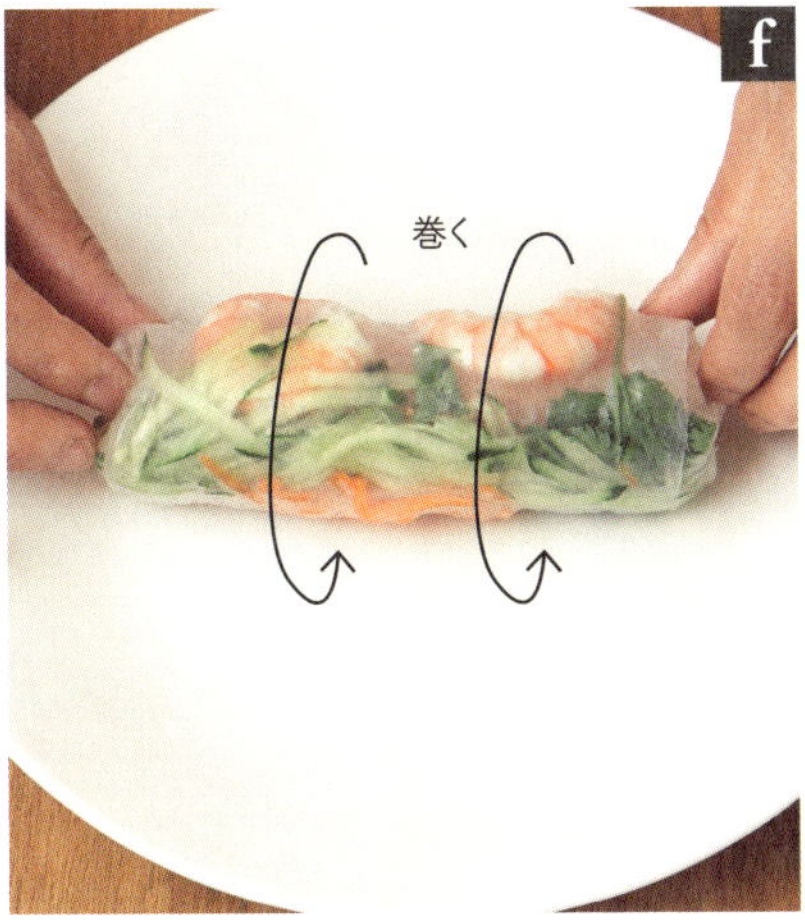
f
巻く

冷蔵庫保存中も上下を入れ替えるとムラなく浸かる。1週間以内に食べる。

たっぷり野菜ピクルス

調理時間 20min

材料（2人分）

A
- 水…500cc（半分は白ワインでもOK）
- 米酢…400cc
- 塩…大さじ1
- 砂糖…40g
- タイム…ひとつまみ
- ローリエ…1枚
- 粒こしょう…4〜5粒
- ※なければ粗挽きでOK

〈固い野菜〉
- 大根（棒状）…1/8本分
- にんじん（棒状）…1/2本分
- れんこん（厚めいちょう切り）…小1個分

〈やわらかい野菜〉
- 玉ねぎ（くし切り）…1/2個分
- セロリ（皮をむいて棒状）…1/2本分
- パプリカ赤黄（棒状）…各1/2個分
- きゅうり（輪切り）…1本分
- みょうが（縦半分）…4個分

〈加熱しない〉
- プチトマト（丸ごと）…10個

作り方

1. 鍋にAを入れて沸かす。
2. 野菜を切る a。
3. 沸騰したら強火のまま〈固い野菜〉を入れて沸騰するまで待つ b。
4. 〈やわらかい野菜〉を入れる c。
5. 野菜が液につかるように箸で調整する d。
6. 沸騰したら保存容器に移し替える e。
7. プチトマトを入れる f。
8. 冷めたら冷蔵庫に移し、冷やして食べる。

調理のポイント

アンチョビを入れると味のアクセントになる

ニース風サラダ

調理時間 20min

材料（8本分）

〈野菜〉

A
- 赤玉ねぎ（薄切り）…1/2個分
- ピーマン（輪切り）…1個分
- パプリカ赤黄（横細切り）…各1/4個分
- きゅうり（皮を3か所向いて2cm輪切り）…1本分

レタス（ちぎる）…半玉分

※芯を手に持って葉を外側からちぎる

いんげん（ゆでて半分長さ）…4～6本分

小さめトマト（4等分）…2個分

オリーブ（半分に切る）…4～6個分

ツナ油漬け（汁けを切る）…1缶

アンチョビ（細切り）…4枚

〈ゆで卵〉（ひと口大）…2個分

〈じゃがいも〉（メークイーン）（加熱後厚め輪切り）…1個分

作り方

〈野菜〉

❶Aは水に5分さらし、ザルとボウルを重ね、上下に振って水気を切る。

❷鍋に湯を沸かし、いんげんを丸ごと2分ゆで、半分長さに切る。

〈ゆで卵〉

❶沸騰した湯で卵を10分ゆでる。

〈ゆでじゃがいも〉

❶水で洗った皮付きのじゃがいもにラップをし、600Wの電子レンジで3分加熱し、裏返して3分加熱する。冷めたら皮を剥いて輪切りにする。

〈仕上げ〉

❶器にレタス（ちぎり方P.56参照）をしき、その他の具材を彩りよく盛り付け、〈レモンドレッシング〉をかける。

※ドレッシングは好みのものでOK。

〈レモンドレッシング〉

❶ボウルにレモン汁・りんご酢（各10cc）を入れ、塩・こしょう（適量）を入れて混ぜる。

❷米油（40cc）、オリーブ油（20cc）をゆっくり入れながら泡立て器で混ぜる。

水にねぎをさらすことで青くささを取り、レモンでさわやかな味に

ねぎサラダ

調理時間
10
min

材料（2人分）

万能ねぎ（5㎝長さ）…1束
ツナ油漬け…1缶
塩・こしょう…適量
レモン（薄切り）…¼個分

作り方

1. ねぎを切ったら、5分ほど水にさらす a。
2. ザルとボウルを重ね、上下に振って水気を切る b。
3. ボウルに移し、レモン、ツナ缶を汁ごと入れる c。
4. 軽く塩・こしょうして和える。
5. 器に盛る。

弱火でじっくり炒めて玉ねぎの旨味と甘みを引き出す

なすとかぶのポタージュ

調理時間
30
min

材料(2人分)

なす(皮をむいて薄切り)…4本分
玉ねぎ(薄切り)…1個分
かぶ(厚め薄切り)…2個分
バター…15g
水…700cc(具がつかる程度)
コンソメ…1個
牛乳…200cc
塩・こしょう…適量
パセリ(粗みじん)…飾り
生クリーム…飾り

作り方

1. なすは5分くらい水にさらし、ザルで水けを切る。
2. フライパンにバターを溶かし、玉ねぎを入れて塩少々(脱水のため)をし、弱火でじっくり炒める。
3. 2になすを加えて塩少々(脱水のため)をして弱火で炒め、しんなりさせる。
4. 3にかぶを加えて塩少々(脱水のため)をして1分ほど炒める。
5. 具材がつかる程度の水を加えて沸騰させてアクを取る a。
6. コンソメを加えて中火弱で20分ほど煮詰める b。
7. ミキサーでなめらかにする。
8. 牛乳を加えて好みの硬さにのばす c。
9. 器に盛り、生クリームとパセリを飾る。

a

b

c

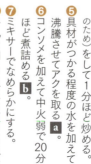

きのこはたっぷりの油で強火で焼き、
塩は仕上げにふるのが水っぽくならないコツ

きのこのバターソテー

調理時間 10 min

材料（2人分）

エリンギ（縦半分に切る）…大きめ4本分
玉ねぎ（みじん切り）…1/8個分
パセリ（粗みじん）…ひとつまみ
サラダ油…大さじ2
バター…15g
塩・こしょう…適量

作り方

1. フライパンに油とバターを熱し、強火できのこの断面を下にして4分焼く a。
2. 裏返して中火に落とし、余分な油をキッチンペーパーで拭き取る b。
3. 塩をしっかりめにふり、こしょう少々をふり、玉ねぎ、パセリを加えてさっとからめる c。
4. 器に盛る。

味つけは旨味が強い肉ときのこのみにして、味のメリハリをつける

シャキッと野菜炒め

調理時間 15 min

材料（2人分）

もやし…1袋
キャベツ（細切り）…1/8個分
にんじん（細切り）…1/2本分
じゃがいも（メークイーン）（細切り）…1個分
玉ねぎ（くし切り）…1/2個分
きのこ（えりんぎ、しめじなど）…1パック
にんにく（みじん切り）…1かけ分
しょうが（みじん切り）…1かけ分
豚ロース薄切り（細切り）…200g
塩・こしょう…適量
サラダ油…適量

作り方

1 食材は大きさを揃えて切る。
2 もやし、キャベツは強火でさっと炒めてザルにあげる a。
3 にんじん、じゃがいも、玉ねぎは中火で火が通るようにゆっくり炒めてザルにあげる b。
4 きのこは水分が出るので強火でさっと炒め、炒め終わったらしっかりめに塩をしてザルにあげる。
5 フライパンに油をしき、にんにく、しょうがを弱火で炒めて香りを出す。
6 肉を加えて、しっかりめに塩・こしょうして中火で焼く。
7 野菜を戻し入れ、薄めに塩・こしょうをして味を調える c。

a

b

c

表面がカリカリになるまで焼き切ると、油が切れてサクッとおいしく仕上がる

チーズ入りじゃがいものガレット

調理時間
30
min

材料（2人分）

じゃがいも（メークイーン）…4個
とろけるチーズ…ひとつかみ
バター…10g
塩…適量
サラダ油…小さじ1

作り方

❶じゃがいもは皮をむいて、スライサーでせん切り（薄切り）にし、塩を混ぜておく a。

❷フライパンに油をしき、バター5gと❶の半分量を入れ、間にチーズを挟み、上から残りのじゃがいもをのせる。

❸フライ返しでおさえてから弱火でじっくり焼く b。

❹片面がきれいなキツネ色になったらひっくり返してフライ返しでおさえ、残りのバター5gを入れて同じように焼く c。

a

b

c

※生野菜と盛りつけ

レモンの風味が効いたさわやかな味わい

コールスロー

材料（2人分）

キャベツ（細切り）…1/4個分
玉ねぎ（うす切り）…1/4個分
塩…小さじ1/3〜1/2
レモン汁…1/4個分
※ツナ油漬け…1缶
マヨネーズ…大さじ2

作り方

1 キャベツ、玉ねぎを切ったら塩をふってよくもみ、5〜10分置く a。

2 しっかりと絞って水けを切る b。

※塩もみをした段階で味見をして、おいしいと思う塩分量にしておく。

3 レモン汁、油を切ったツナ缶を加え、マヨネーズで和える。

4 器に盛る。

『シーチキンLフレーク』（はごろもフーズ）。ツナ缶の油分を調味料として考えているので、水煮ではなく油漬けを選ぶのが基本。

EXバージンオリーブオイルはえぐみがでるので、くせの無いなたね油を半分混ぜると良い

キャロットラペ

調理時間 10 min

材料（2人分）

にんじん（せん切り）…2本分
塩…小さじ½〜1
〈ドレッシング〉
レモン汁…½個分
ピュアオリーブ油…大さじ2

〈＋αA〉 ※ABどちらかお好みで
りんご（細切り）…¼個分
カッテージチーズ（ほぐす）…大さじ2
〈＋αB〉
オレンジ（房だけにする）…1個分
生ハム（棒状に切る）…3枚

作り方

❶にんじんを切ったら、ボウルに入れて塩を加えてよくもんで、5〜10分置く。
❷しっかりと絞って水けを切る a。
※塩もみをした段階で味見をして、おいしいと思う塩分量にしておく。
❸〈ドレッシング〉の材料を加えて混ぜ、プレーンのキャロットラペを作る b。
❹〈＋α〉を用意し、食べる前にさっと和える c。

a

b

c

※生野菜と盛りつけ

ヒレ肉にまるまるパン粉をつけて、衣も少なくしっとりトンカツに

弱火でじっくりしっとりヒレカツ

調理時間 30 min

材料（2人分）

豚ヒレ肉（常温に戻す）…1本（340g）
塩・こしょう…適量
サラダ油…大さじ2

〈衣〉
小麦粉…大さじ1
溶き卵…1個分
パン粉（細かいもの）…1カップ
〈バルサミコソース〉…適量

作り方

1. 肉の水けをキッチンペーパーで取る。
2. 厚さを均等にするため、薄い部分は肉の厚さ1/3くらいまで切り込みを入れる a。
3. 下に折り込んで、全体の厚みを揃える b。
4. 塩・こしょうをして、小麦粉→卵→パン粉の順で〈衣〉をつける c。
5. フライパンに油を1cm程度しき、弱火で温める。折り込んだ部分を下にして入れ、じっくり5～6分焼く d。
6. 焼き色がついたらひっくり返して弱火で5～6分焼く e。
7. 同様に全面を焼く。4～5cm厚さに切って器に盛り、〈バルサミコソース〉をかける f。

〈バルサミコソース〉

1. バルサミコ酢100ccを鍋に入れ、弱火で半量くらいになるまで煮詰める。

2. ブルーベリージャム大さじ2を加える。

3. しょうゆ小さじ½を加えひと煮立ちさせ、火を止めてから塩・こしょうで味を整える。

調理のポイント

〈ゆでじゃがいも〉

❶じゃがいも（メークイーン）を水で洗って、ぬれたままラップでくるむ。
❷600Wの電子レンジに5～6分かける。途中2分半程度で上下をひっくり返す。
❸皮をむいて盛りつける。

ピクルスの酸味が効いたソースでさっぱりと

ポークソテー ピクルスソース

調理時間 20 min

材料（2人分）

豚ロース豚カツ用…4枚（400～500g）※2人とも肉食なので
塩・こしょう…少々
〈つけあわせ〉
〈ゆでじゃがいも〉…2個
パセリ（粗みじん）…少々

〈ピクルスソース〉
玉ねぎ（みじん切り）…1/4個分
白ワイン…100cc
※水…50cc
ピクルス（薄切り）…6本分
マスタード…小さじ1
塩・こしょう…少々

作り方

❶肉の水けをキッチンペーパーで取り、塩・こしょうをする。
❷フライパンに油をしいて肉を入れ、中火で触らずに焼く。
❸焼き目がついたらひっくり返す。焼きあがったら取り出しておく。
❹〈ピクルスソース〉を作る。余分な油をキッチンペーパーで取り、玉ねぎを入れて旨味をこそげ落としながら弱火でしんなりするまで炒める。
❺少し強火にして白ワイン、水、コンソメを入れ、煮つめる。
❻1/2強程度煮つまったら、ピクルスとマスタードを入れ、塩・こしょうで味をととのえる。
❼肉を肉汁ごと❻に戻し入れ、中火でひと煮たちさせる。
❽〈ゆでじゃがいも〉を添え、パセリを飾る。

『マイユ　コルニッション』コリコリした食感とスッキリした酸味が料理に合う。

蒸し煮野菜もたっぷり摂れる

鶏肉の蒸し焼き

調理時間 30 min

材料（2人分）

鶏もも肉（大きめに切る）…2枚（250g×2枚）
プチトマト…8個
かぼちゃ（薄切り）…1/4個分
ズッキーニ（薄切り）…2本分
カリフラワー（小房に分ける）…1/2個分
オリーブオイル…適量
塩・こしょう…適量
タイム…ひとつまみ
ローリエ…1枚
白ワイン…100cc

作り方

1. 肉の水けをキッチンペーパーで取る。
2. まな板に塩・こしょうして皮目を下にして置き、身にしっかり塩・こしょうする a。
3. フライパンにオリーブオイルを熱し、肉を入れて中火で焼き色をつける。しみ出た肉汁に焼き色がつくまで触らない b。
4. 肉をひっくり返したらすきまに野菜を入れる。
5. 白ワインを入れて中火弱にし、ふたをして5分ほど蒸し煮にする c。

a

b

c

※生野菜、レモンと盛りつけ

フライパンの向きを変えてムラなく焼く

鶏の揚げ焼き

材料（2人分）

鶏もも肉…2枚（250g×2枚）

A
- しょうゆ、酒…各大さじ1.5
- ごま油…小さじ1
- にんにく（すりおろし）…1かけ分
- しょうが（すりおろし）…1かけ分

〈衣〉
- 溶き卵…1個分
- 片栗粉、小麦粉…各大さじ2

塩・こしょう…適量

サラダ油…適量

調理時間 30 min

作り方

❶肉は大きめに切る。

❷肉に塩・こしょうをし、軽くもみこむ。

❸Aにつけ込み、落としラップをして10分以上冷蔵庫で寝かせる a。

❹ボウルに溶き卵を入れて❸をからめる。

❺フライパンに油を1cm程度しき、弱火～中火で温める。片栗粉と小麦粉をまぶしたらフライパンに入れ、触らずにじっくり3～4分焼く b。

❻肉のふちに焼き色がついてきたらひっくり返し、同様に反対側も焼く c。

❼キッチンペーパーなどに取り出して余分な油を切り、器に盛る。

a

b

c

コクがあるタレに梅肉の酸味が絶妙なバランス

厚揚げの豚角煮風

調理時間 15 min

材料（2人分）

厚揚げ…2枚
はちみつ梅干し（種を取る）…3～4個
大葉（半分に切る）…1枚分
豚バラ肉…200g

〈たれ〉
みりん…大さじ2
砂糖…小さじ2
しょうゆ…大さじ2

〈半熟ゆで卵〉
卵…2個

作り方

❶厚揚げを角切りにする
❷梅干し、大葉をのせる a。
❸肉でくるむ b。
❹巻き終わりを下にして焼き始め、〈たれ〉を入れてからめる c。
❺器に❹と〈半熟ゆで卵〉を盛り付ける。

〈半熟ゆで卵〉

❶沸騰した湯に卵をおたまなどにのせて静かに入れ、6～7分ゆでる。
❷冷水に取ったら殻に1箇所軽くひびを入れ、水につけたまま冷ます。

a

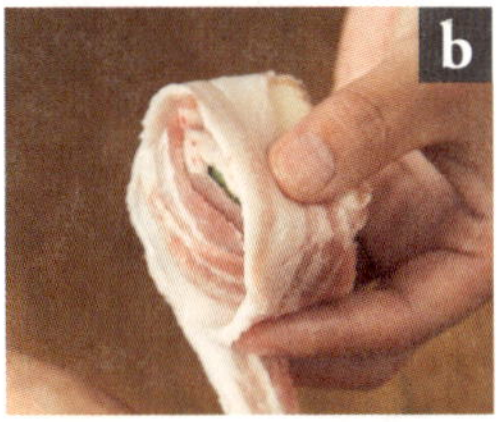
b

c

※生野菜と盛りつけ

白ワインや酒には、肉をやわらかくする作用がある

チキンウイングマーマレード煮

調理時間 30 min

材料（2人分）

鶏手羽元…10本
塩・こしょう…適量
小麦粉…大さじ1
サラダ油…適量

A
- 白ワイン…50cc
- しょうが（薄切り）…2〜3枚
- マーマレード…大さじ2
- しょうゆ…小さじ2

水…約600cc（具材がつかる程度）

作り方

1. 肉の水けをキッチンペーパーで取る。
2. 塩・こしょう、小麦粉をつける。
3. フライパンに油（大さじ1.5）をしき、中火で焼き色をつける。
4. 余分な油をキッチンペーパーで取る a。
5. Aを入れ、具材がつかる程度の水を入れてふたをし、弱火で20分ほど煮る b。
6. 煮汁がほとんどなくなるまで煮つめる c。

a

b

c

肉を漬け込むことで柔らかくなり、味も浸み込む

チーズダッカルビ

調理時間 20min

材料（2人分）

鶏もも肉（ひと口大）…2枚（205g×2枚）
にんじん（細切り）…½本分
玉ねぎ（薄切り）…1個分
キャベツ（角切り）…¼個分
もち（ひと口大）…2個分
とろけるチーズ…ひとつかみ
サラダ油…適量

A
- ごま油…小さじ1
- コチジャン…大さじ3
- しょうゆ…大さじ2
- 酒・砂糖…各大さじ1
- にんにく（すりおろし）…1かけ分

作り方

1. ボウルに肉、にんじん、玉ねぎをAと共に漬け込み、落としラップをして10分以上置く a。
2. フライパンに油（大さじ1）をしき、1、キャベツ、もちを入れ、ふたをして中火で5分蒸し焼きにする b。
3. キャベツが少ししんなりしたら、箸で混ぜて水けを飛ばす。
4. 仕上げに真ん中をあけて、チーズを入れ、ふたをして弱火で加熱し、チーズが溶けたら火を止める c。
5. フライパンのまま食卓へ出す。

a

b

c

片栗粉をふって口あたり良く

鶏ささみの煮びたし

調理時間 30 min

材料（2人分）

鶏ささみ…4本
片栗粉…大さじ1
〈だし〉
めんつゆ（濃縮タイプ）…50cc
水…400cc
豆苗…1袋
にんじん（細切り）…1/3本分

作り方

1. ささみは筋を取ってフォークで刺しておく a。
2. 片栗粉をつける b。※片栗粉で水分を閉じ込めてやわらかくする
3. 小さめの深型鍋に〈だし〉を沸かし、ささみを入れて火を止める。そのまま20分ほど冷ます c。
4. 20分したらささみを取り出しておく。
5. 再び〈だし〉を沸かし、豆苗とにんじんを加えてさっと煮る。
6. ささみを手で裂いて、鍋に戻し入れ、野菜と共に盛る。

a

b

c

梅干しの塩分を抜くために
砂糖の脱水作用を利用

鶏ささみときゅうりの梅和え

調理時間 30 min

材料（2人分）

鶏ささみ…4～5本
塩…小さじ1
砂糖…小さじ½
片栗粉…大さじ1

きゅうり…2本
はちみつ梅干し…3～4個
ごま油…小さじ1

作り方

1. ささみは筋を取ってフォークで刺しておく。
2. ささみに塩と砂糖をふる。
3. 片栗粉をつけて、沸騰した湯に入れて火を止める a。そのまま20分ほど冷ます。※片栗粉で水分を閉じ込めてやわらかくする
4. きゅうりを麺棒でたたいて砂糖をひとつまみふり、もんで水分を絞る b。
5. ささみを手でさき、きゅうりと混ぜ、包丁でたたいた梅干し、ごま油であえる。

※生野菜と盛りつけ

細かいパン粉を使って軽い仕上がりに

エビフライ

調理時間 30 min

材料（2人分）

エビ（ブラックタイガー）…8尾
塩・こしょう…適量
サラダ油…適量
〈バッター液〉
小麦粉…大さじ1
溶き卵…1個分
牛乳…大さじ4
パン粉（細かいもの）…1.5カップ

〈タルタルソース〉
玉ねぎ（みじん切り）…1/4個分
ケッパー（みじん切り）…大さじ1
パセリ（みじん切り）…大さじ1
レモン汁…1/8個分
ゆで卵白身（みじん切り）…2個分
ゆで卵卵黄（手でほぐす）…2個分
〈マヨネーズ〉（P.83参照）

作り方

〈エビフライ〉

❶エビは殻をむいて、背わたを爪楊枝で取る a。

❷背側に3カ所、腹側に2カ所切れ目を入れる。まな板に置いてエビの背をグッと手のひらで押すと繊維がプチプチッと切れてエビが丸まりづらくなる b。

❸エビに塩・こしょうをして、小麦粉をふる。

❹フライパンに油を1㎝程度しき、弱火～中火で温める。〈バッター液〉→パン粉の順でつけたらフライパンに入れ、2分焼く c。

❺焼き色がついたら返して同様に焼き、キッチンペーパーに取り出す d。

〈タルタルソース〉

❶玉ねぎはさっと水で洗って、キッチンペーパーにくるんでおく e。

❷〈マヨネーズ〉に卵黄以外の〈タルタルソース〉材料を混ぜる。

❸卵黄を手でほぐして混ぜる f。

背ワタは頭側の方が、しっぽ側より引き出しやすい。

調理のポイント

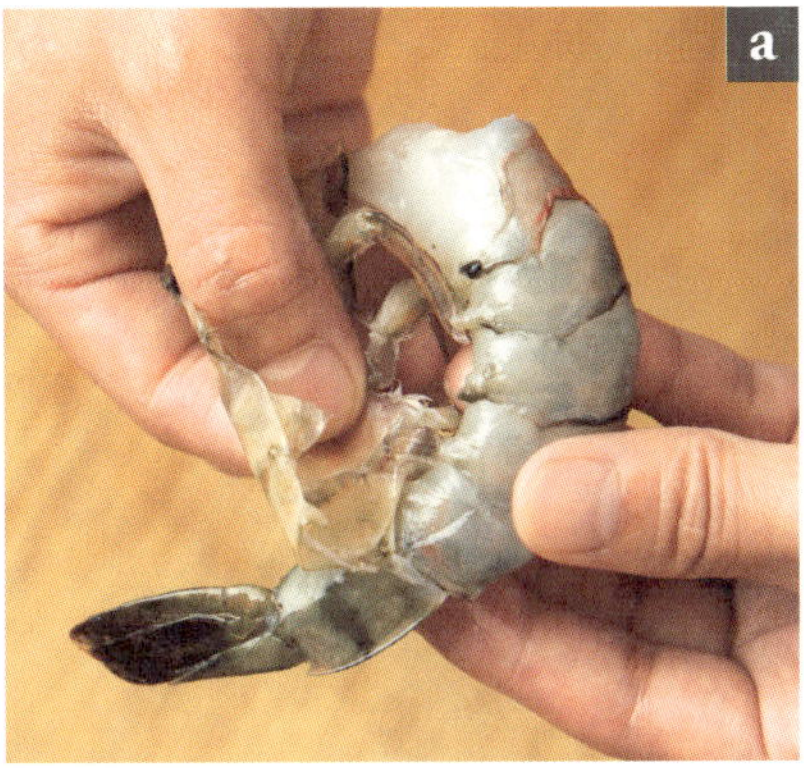

〈マヨネーズ〉

❶卵黄（1個）、米酢（小さじ1）、塩（小さじ¼）、こしょう少々を入れて泡立て器で混ぜる。

❷米油（150cc）をほんの少しずつ加えながら混ぜる。いっぺんに入れると分離するので注意。

フランス時代の大好物！
市販品と一線を画すおいしさ

簡単サーモンマリネ

調理時間
15
min

材料（2人分）

サーモン刺身…2パック（16枚）
塩…5g
砂糖…2.5g
オリーブオイル…大さじ1

〈トッピング〉
ケッパー…小さじ½
ディル（ちぎる）…½枝分
レモン（くし切り）…¼個分

作り方

1. 皿に塩と砂糖をふる a。
※ひっくり返す手間が省ける。
2. キッチンペーパーでサーモンの余分な水けを取る b。
3. 皿に並べて塩と砂糖をふって10分置く c。
4. 臭みがでた水けを、キッチンペーパーで取る d。
5. 皿をかぶせてひっくり返し、キッチンペーパーをそっとはがす e。
6. オリーブオイルをかけて全体にスプーンでのばす f。
7. ケッパー、ディルをのせてレモンをそえる。

〈魚の臭み取り〉

キッチンペーパーで水けを取った後、塩をふってしみでた水分は臭みのもと。

再びキッチンペーパーでしみ出た水けを取る。

調理のポイント

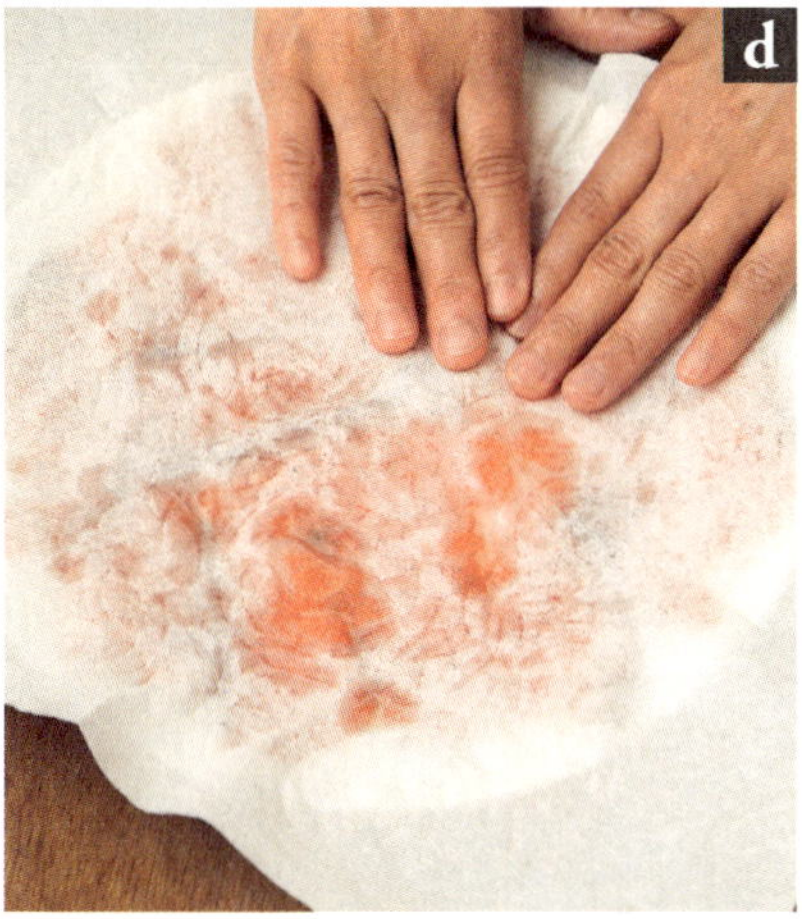

トマトがソース代わりなのでたっぷりと

鯛の白ワイン蒸し

調理時間 10 min

材料（2人分）

小鯛（下処理済みを用意）…1尾
プチトマト（丸ごと）…½パック（16個）
ケッパー…小さじ1
白ワイン…100cc
オリーブ（半分に切る）…6〜8粒
オリーブオイル…適量
塩・こしょう…適量
パセリ（粗みじん）…1房

作り方

❶味をしみこませるため、魚の水けをキッチンペーパーで取る。
❷魚全体と腹の中にもしっかり塩をするのがおいしく仕上げるコツ **a**。
❸フライパンにオリーブオイルをしき、魚の頭が右に来る面から強火で焼く **b**。
❹焼き色がついたらひっくり返して2分程度焼く **c**。※こちらが盛りつける際の表面になる
❺プチトマト、ケッパー、白ワインを入れふたをして中火で2分程度、火が通るまで煮る。
❻トマトがやわらかくなったらオリーブを加えて、1〜2分中火で加熱する。
❼塩・こしょうで味を調え、仕上げにパセリをちらす。

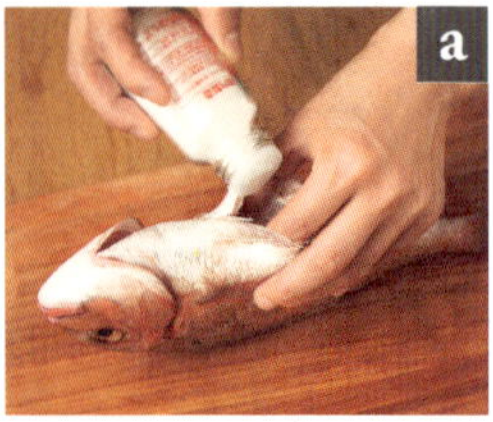
a

b

c

スパイス香るエスニック風の味わい

メカジキのソテー

調理時間 15 min

材料（2人分）

メカジキ…2枚

塩・こしょう…適量

カレー粉…ひとつまみ

クミンパウダー…ひとつまみ

オリーブオイル…適量

〈ソース〉

プチトマト（縦4等分）…10個分

赤玉ねぎ（角切り）…¼個分

セロリ（角切り）…½本分

きゅうり（角切り）…½本分

黄パプリカ（角切り）…¼個分

パクチー（粗みじん切り）…1株

レモン汁…½個分（10cc）

オリーブオイル…大さじ1

ナンプラー…10cc

作り方

1. キッチンペーパーで魚の水けを取る a。
2. 裏面に塩・こしょうをふる。
3. 表面に塩・こしょう、カレー粉、クミンパウダーをふる b。
4. 〈ソース〉材料をあわせておく。
5. フライパンにオリーブオイルをしき、中火で片面2分ずつ焼く c。
6. 器に魚を盛り、4をかける。

a

b

c

厚い部分は油をスプーンでかけながら焼く

丸ごとアジのムニエル

調理時間 20 min

材料（2人分）

アジ（内臓・頭を取った処理済み）…2匹
塩・こしょう…適量
小麦粉…適量
サラダ油…大さじ1
バター…15g
〈つけ合わせ〉
レモン…¼個、バジル…1枚

〈ソース〉
赤玉ねぎ（みじん切り）…¼個分
トマト（角切り）…1個分
バジル（ちぎる）…2枚分
レモン汁…½個分
ケッパー…小さじ1
塩・こしょう…適量

作り方

1 キッチンペーパーで魚の水けを取る。
2 塩・こしょうを魚全体と腹の中にする。
3 全体に小麦粉をはたく a。
4 フライパンに油とバターを入れ、中火で焼き色をつける。
5 ひっくり返したら、身が厚いところにはスプーンで油をかけながら焼く b。
6 〈ソース〉材料をあわせておく c。
7 5を器に盛り、〈ソース〉、レモン、バジルを添える。

a

b

c

白ワインのおつまみに最適！

牡蠣のアヒージョ

調理時間 10 min

材料（2人分）

牡蠣…1パック（12個程度／400g）
片栗粉…大さじ1
オリーブオイル…具材がつかる分量
三つ葉（ざく切り）…1株

A
鷹の爪…1本
にんにく（つぶす）…1かけ分
タイム…ひとつまみ
ローリエ…1枚

作り方

1. 牡蠣に片栗粉をまぶす。
2. 水洗いして汚れを取る a。
3. ザルにあげ、キッチンペーパーで水けを取る b。
4. 牡蠣をフライパンに入れ、ひたひたにオリーブオイルを入れる。
5. Aを加えて弱火にかけ、沸騰してから3～4分煮る c。
6. 器に盛り、三つ葉を盛る。

a

b

c

霜降りでサバの臭みを取る

サバの梅味噌煮

調理時間 20 min

材料（2人分）

- 塩サバ（サバ）…2枚
- A
  - 酒・みりん…各50cc
  - 砂糖…小さじ2
  - 水…250cc
  - しょうゆ…大さじ1
- はちみつ梅（種を取る）…4個
- 味噌…大さじ1
- 獅子唐…4本
- サラダ油…適量

作り方

1. 塩サバの場合は、10分水につけて塩抜きをする。
2. 魚の皮目に斜めに切り込みを入れておく a。
3. 魚に熱湯をかけて霜降りにし、臭みを取る。
4. Aを火にかけて沸いたら3を入れる。
5. アルミホイルで落としぶたをし、3〜5分強火で煮る b。
6. 仕上げに味噌を加えてひと煮たちさせ、魚に煮汁をスプーンでかける c。
7. アルミホイルを敷いた魚焼きグリルで獅子唐に油をかけて3分焼く。
8. 器に盛る。

a

b

c

ツナの油分は調味料と考えるので、水煮ではなく、油漬けが基本

ツナ炊き込みごはん

調理時間 45 min

材料（2人分）

〈きのこ〉
しめじ、まいたけ…各1パック
しいたけ…3枚

〈調味料〉
しょうゆ（マルサン醤油）…大さじ2
砂糖…小さじ1
酒…大さじ1
塩…小さじ½（しょうゆの塩分によって個々に調整を）

水（米を炊く分量）…400cc
米…2合
ツナ油漬け…1缶

作り方

❶〈きのこ〉を手でさき、フライパンに入れ、〈調味料〉、水を加えてふたをして煮る。

❷きのこをザルにあげ、煮汁をボウルに取る a。

❸米と煮汁2合分を炊飯器に入れ、ツナ缶の汁を加えて炊く b。

❹炊きあがったら1回混ぜて、きのこ、ツナを入れて混ぜる c。

a

b

c

しっかり塩をして、たっぷりのレモンで生臭み取る

鯛のセビチェ風マリネ

調理時間 15 min

材料（2人分）

- 鯛刺身…1パック（10枚）
- 塩…小さじ1
- こしょう…適量
- レモン果汁（ライム）…1個分
- 赤玉ねぎ（薄切り）…1/4個分
- セロリ（薄切り）…1/2本分
- パクチー（ざく切り）…1株分
- タバスコ…お好み

作り方

1. キッチンペーパーで魚の水けを取る。
2. 魚にしっかり塩をふり、こしょうを軽くふり5分ほど置く a。
3. レモン汁を加えてマリネする。5分くらいすると酸味で白っぽくなる b。
4. 玉ねぎ、セロリを加えてさっと和える。
5. 仕上げにパクチーとタバスコを加えて和え c、塩・こしょうで味を調える。
6. 器に盛る。

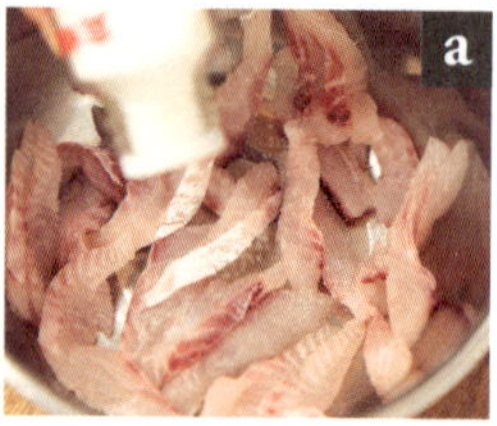

Part 3

今日はゆっくり ごちそう作り

パッと見調理時間が長いように見えますが、
塩・こしょう・スパイスをなじませるのに数十分。
あとはコトコト煮るだけ、オーブンで焼くだけのシンプル調理。
カンタンなのに「ごちそう」に見える嬉しいレシピです。

※生野菜と盛りつけ

低温調理だからジューシーでやわらか

炊飯器ローストビーフ

調理時間 60 min

材料（2人分）

牛肩ロース肉（常温に戻す）…400g
塩・こしょう…適量
サラダ油…大さじ1
70℃の湯（耐熱ジッパー付き保存容器が浸かる量）
マスタード…お好み

作り方

1. 肉の水けをキッチンペーパーで取り、しっかりめに塩・こしょうをする。
2. フライパンに油をしき、強火で熱し、肉の表面に焼き色をつける a。
3. 熱いうちにラップで2重にくるむ b。
4. 耐熱ジッパー付き保存容器に、空気を抜くようにして入れる c。
5. 70℃の湯（水1：熱湯5）を炊飯器の目盛りを利用して、袋が浸かる分量はる d。
6. 落とし皿をする e。
7. 保温ボタンを押して、40〜45分したら取り出し、10分ほど休ませる f。
8. 肉の繊維に直角になるように5㎜厚さの薄切りにする。

〈塊肉料理の基本〉

キッチンペーパーで水けをしっかり取る。

塩・こしょうは身にしっかりとふる。※皮や脂にふっても中までしみこまないため。

調理のポイント

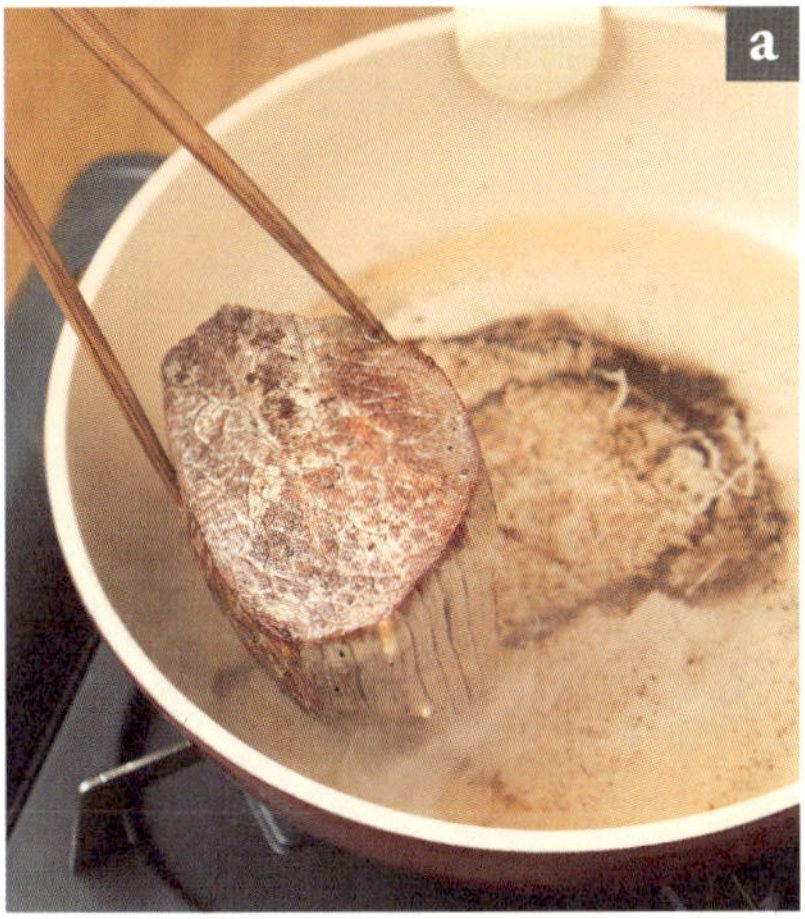

すね肉は"ゼラチン質＋脂"で、煮込むとトロトロに

牛肉赤ワイン煮込み

調理時間 70 min

材料（2人分）

牛すねブロック肉（5～6cm角に切る）
…800g ※肩肉でもOK
塩・こしょう…適量
小麦粉…大さじ1（トロミつけ用）
サラダ油…適量
赤ワイン…800cc
〈くず野菜〉※だしとして使うので後で漉す
- 芯つき玉ねぎ（ざく切り）…½個分
- 皮つきにんじん（ざく切り）…½本分
- 皮つきにんにく（½に切る）…3～4かけ

タイム…ひとつまみ
ローリエ…1枚
砂糖…小さじ1
※コンソメ…1個
パセリ（粗みじん）…飾り

『コンソメ』（味の素）
コンソメで味は大きく変わるので、私はコレと決めています。

作り方

❶肉の水けをキッチンペーパーで取る。
❷全体に塩・こしょうをふり、小麦粉（分量外）をまぶす。
❸熱したフライパンに油をしき、強火で肉に焼き色をつけたら鍋に移す a。
❹❸のフライパンに〈くず野菜〉を入れ、トロミつけ用の小麦粉を入れて炒める b。
❺強火にして赤ワイン100ccを入れ、旨味をこそげ落として野菜ごと鍋に入れる。
❻フライパンにこびりついた旨味は、ワインで洗って鍋に入れ、残りのワインも鍋に入れる。
❼強火で沸騰させてアクを取り、タイム、ローリエ、砂糖を入れ、ふたをして弱火で60分ほど煮込む。
❽煮汁が½くらいになってとろみがついたら肉を取り出し、煮汁と野菜をザルで漉す c。
❾再び火にかけ、塩・こしょうで味を調える。
❿器に盛り、**【付け合わせ】**（P.97参照）を添え、パセリをふる。

調理のポイント

【付け合わせ】
マッシュルーム＆ベーコンのソテー
〈材料と作り方〉
❶フライパンにサラダ油大さじ1とバター5gを敷き、半分に切ったマッシュルーム1パックの断面を強火で動かさずに4分焼く。
❷ハーフベーコン（短冊切り）4枚分（36g）をほぐして入れて中火でカリっとなるまで焼き、塩・こしょうで味を調える **d** 。
❸ザルにあげて油を切る。

茹でた平打ち麺（タリアテッレ）
〈材料と作り方〉
❶平打ちパスタ（リングイネ）100gは時間通り茹で、茹で汁100cc＋バター10gで軽く1分ほど中火で煮る。

キャロットグラッセ
〈材料と作り方〉
❶鍋にたっぷりの水（500cc）、砂糖（15g）、細めにんじん（輪切り）½本を入れ中火で煮る。
❷水がなくなったら仕上げにバター（5g）を入れて火を止める。

パイの層に白い部分が残らないように
しっかりと層を焼き切るのがおいしく作るコツ

ひき肉のパイ包み焼き

調理時間
60
min

材料（2人分）

玉ねぎ（みじん切り）…½個分
にんにく（みじん切り）…1かけ分
合挽き肉…260g
小麦粉…大さじ1

ケチャップ…大さじ3
お好みソース（オタフク）…大さじ1
冷凍パイシート…4枚
卵黄（つやだし）…1個分
塩・こしょう…適量

作り方

❶フライパンで玉ねぎとにんにくを弱火でゆっくり炒める。
❷肉を加えて塩・こしょうをして、火が通るまで中火で炒めて、小麦粉を加えてしっとりするまで炒める。
❸ケチャップとお好みソースで味を調え、皿に取り出して冷ましておく。
❹パイシートを半分に切る。上にかぶせる方は具のふくらみ分、ほんの少し伸ばしておく。

❺パイシートの周囲に卵黄を塗り、❸をのせる a 。
❻❹のパイシートをかぶせ、ふちを指で押さえて接着する b 。
❼卵黄を塗って、フォークの背でふちを押さえる c 。
❽包丁でパイの真ん中に切り込みを数本入れ、空気穴を開ける d 。
❾200℃に予熱したオーブンでパイの層が全部開ききるまで40分焼く e 。※焦げ目が強いと思ったら途中でアルミホイルをかぶせる。

具は冷ましておく。

パイシートのラップは芯でのばすと洗い物が少なくて便利。

調理のポイント

a

b

c

d

e

コンフィは油が抜けきるので、豚ばら肉でも油っこくありません

豚ばら肉のコンフィ ゆで野菜バター蒸し煮添え

調理時間 90 min

材料（2人分）

豚ばら肉…500g

A
- にんにく（スライス）…1かけ分
- 塩…小さじ1
- タイム…ひとつまみ
- ローリエ（ちぎる）…1枚分

サラダ油…具材がつかる程度

〈ゆで野菜バター蒸し煮〉

- 細めのにんじん（輪切り）…½本分
- いんげん（2等分）…4本分
- ズッキーニ（輪切り）…1本分
- かぶ（くし切り）…1〜2個分

野菜ゆで汁…大さじ2
バター…10g

作り方

〈コンフィ〉

❶肉の水けをキッチンペーパーで取る。
❷肉にAをまぶす a。
❸ラップでくるんで冷蔵庫で30分置く b。
❹鍋に肉を入れ、具材がつかる程度の油を入れ、ふたをせずに約40分弱火にかける c。
❺食べる時は油から取り出し、フライパンで表面を強火で焼き色がつくまで焼く d。※すぐに食べない場合は、油に漬けたまま、落としラップをして（P.10参照）冷蔵庫で保存。
❻〈ゆで野菜バター蒸し煮〉と共に盛る。

〈ゆで野菜バター蒸し煮〉

❶鍋に湯を沸かし、にんじんを入れ→2分後いんげん→1分後ズッキーニ、かぶの順に入れてザルにあげる。
※ゆで汁大さじ2を取っておく。
❷鍋に取っておいたゆで汁、バターを入れ、塩・こしょうして中火で1〜2分煮含める e。

調理のポイント

キャベツの固い軸はゆでてから外すとあとの扱いがラク

ホワイトロールキャベツ

調理時間 40 min

材料（2人分）

キャベツ…8〜10枚 ※小さめサイズの場合
いんげん（丸ごと）…6本（飾り）
細めのにんじん（輪切り）…1本分
玉ねぎ（くし切り）…1/4個分
タイム…ひとつまみ
ローリエ…1枚
コンソメスープ（味の素）…2個
ハーフベーコン…4枚（36g）

〈肉だね〉
玉ねぎ（みじん切り）…1/4個分
合い挽き肉…250g
パン粉…大さじ2
卵…1個
牛乳…大さじ2
塩・こしょう…適量

〈ホワイトソース〉※作り方はP.110参照
バター、小麦粉…各20g
牛乳…240cc

作り方

1. 〈肉だね〉用の玉ねぎを細かいみじん切りにして、器に入れてラップをし、600Wの電子レンジに1分30秒かける。
2. 沸騰した湯でキャベツは1分、いんげんは2分ゆでる。
3. ボウルに〈肉だね〉材料を入れ、肉から白い糸が引くまで手早く混ぜ合わせる a。
4. 空気を抜くように丸め、ざっくり等分に分ける。
5. キャベツの芯を除いて、肉だねをくるむ b。
6. 巻き終わりが下になるように、鍋にロールキャベツを敷き詰める c。
7. 具材がかぶるくらいの水を加える。
8. 輪切りにしたにんじんを水につかるよう、7の隙間につめ d、玉ねぎ、タイム、ローリエを入れる。
9. 強火にかけてふたをし、わいてきたらアクを取る。
10. コンソメを加えて弱火にする。むれないように、ふたは少しあけておく。
11. 風味が飛ばないようにベーコンは最後に加えて、ひと煮立ちさせる e。
12. 別鍋でホワイトソースと煮汁少々を、だまにならないように混ぜておく。
13. 鍋に12を戻し入れ、一度煮立たせる f。

調理のポイント

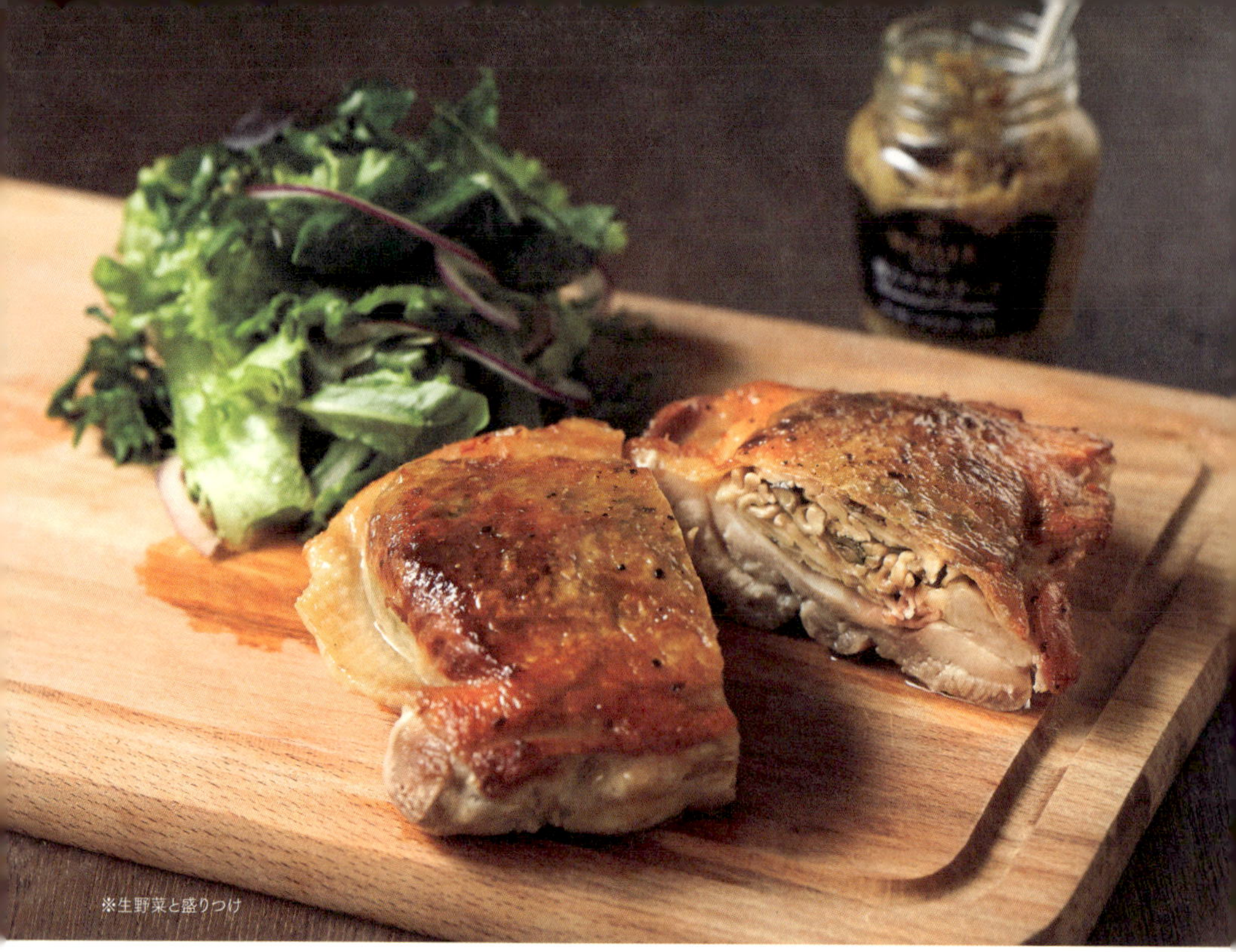

※生野菜と盛りつけ

肉にきのこの風味がしみこんで香り豊かに

鶏肉のきのこ生ハム詰め

調理時間 40 min

材料（2人分）

鶏もも肉…2枚（250g×2）
まいたけ…1パック
しめじ…1パック
塩・こしょう…適量
生ハム…2枚
※マスタード…お好み
サラダ油…適量

作り方

❶肉の水けをキッチンペーパーで取る。
❷皮と肉の間に指を入れ、ポケット状にする a。
❸油をしいたフライパンで、きのこを強火で炒め、炒まったら塩・こしょうして火を止める。
❹生ハムをちぎってのせておく b。
❺ポケットに❹をつめる c。
❻爪楊枝で縫うように皮目から2箇所を留める d。
❼皮は薄め、身にしっかりと塩・こしょうする。
❽油をしいたフライパンに、皮目を下にして入れ、水を張った鍋で重石をする e。
※重石をすることで皮がパリパリに焼けてお店の味になる。
❾弱火で約20〜25分焼き、周囲が白くなってきたら8割方焼けた合図なので裏返し、3分ほど焼く f。

『マイユ　ディジョンマスタード』
いろいろなマスタードがある中、私はコレと決めています。粒あり、粒無しはお好みで。

〈肉がやぶけたら〉

具がはみでてくるので爪楊枝で留めておく。

調理のポイント

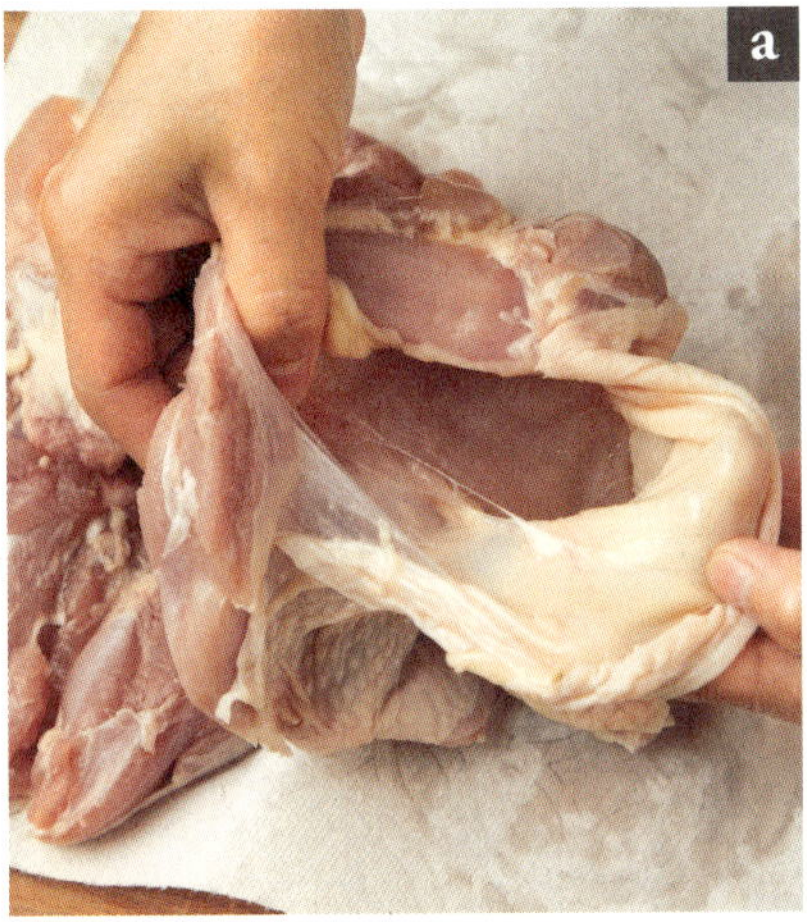

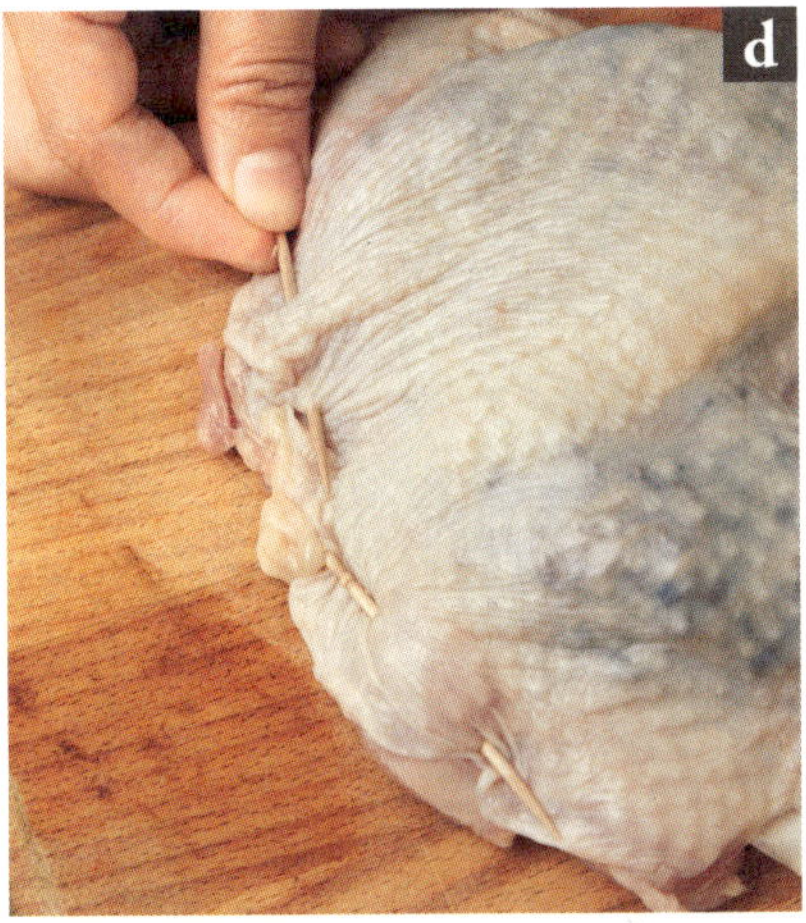

クリーミーなねぎソースはソテーと好相性

牛肉のマスタードマリネ焼き

調理時間 35 min

材料（2人分）

〈ソース〉
- マスタード…大さじ4
- にんにく（すりおろし）…1かけ分
- はちみつ…大さじ2
- 塩…小さじ½
- こしょう…適量

- 牛こま切れ肉…350g
- 長ねぎ（斜め薄切り）…2本分
- 生クリーム…200cc（1パック）
- サラダ油…適量
- 塩・こしょう…適量

作り方

1. 〈ソース〉と肉をボウルで混ぜあわせ、ラップをして10分ほど冷蔵庫でねかせる a。
2. フライパンに油（大さじ1）をしいて、長ねぎと塩少々（脱水のため）を加え、弱火でゆっくり炒める b。
3. 生クリームを入れて塩・こしょうで味をととのえ、中火で生クリームが半量になるくらいまで煮詰めて皿に敷く c。
4. フライパンに油をしき、1を中火で炒める。3にのせる。

市販のザワークラウトを使って

お手軽シュークルート

調理時間 60 min

材料（2人分）
玉ねぎ（薄切り）…1個分
大きいソーセージ…4本（250g）
塊ベーコン（拍子木切り）…6本（80g）
〈ゆでじゃがいも〉（P.74参照）…2個
塩・こしょう…少々
サラダ油…適量

A
※ザワークラウト…720mℓ（1瓶）
白ワイン…100cc
水…500cc
太めにんじん（半割りまたは縦4等分）…1/2本分
コンソメ…1個
タイム…ひとつまみ
ローリエ…1枚

作り方
❶鍋に油をしいて玉ねぎ、塩少々（脱水のため）を加えて弱火でしんなりするまで炒める。
❷Aを加えて、にんじんが浮いてこないように中に埋め込み、ふたをして弱火で30分煮込む。
❸ソーセージ、ベーコンを入れて10分くらい煮る。
❹器に盛り、ゆでじゃがいもを添える。

※『ヘングステンベルグ ザワークラウト』この酸味がお気に入り。

やわらかく煮込んだにんじんは、口の中で溶けてソース代わりに

牛肉とにんじんの白ワイン煮込み

調理時間 60 min

材料（2人分）

牛すね肉…400g
玉ねぎ（みじん切り）…1/2個分
細めのにんじん（1cm輪切り）…1～2本分
白ワイン…200cc
水…650cc（具材がつかる程度）
コンソメ…1個
塩・こしょう…適量
タイム…ひとつまみ
ローリエ…1枚

作り方

❶肉の水けをキッチンペーパーで取り、塩・こしょうする。
❷深めのフライパンに油をしいて、強火で表面に焼き色をつけて取り出す a。
❸❷のフライパンに玉ねぎを入れ、こびりついた旨味をこそげ落としながら弱火でしんなりするまで炒める。
❹肉を戻し入れ、にんじん、白ワイン、具材がつかる程度の水を入れて強火でいったん沸かしてアクを取る b。
❺コンソメ、タイム、ローリエを入れてふたをして弱火で45分煮汁がほとんど無くなるまで煮る c。

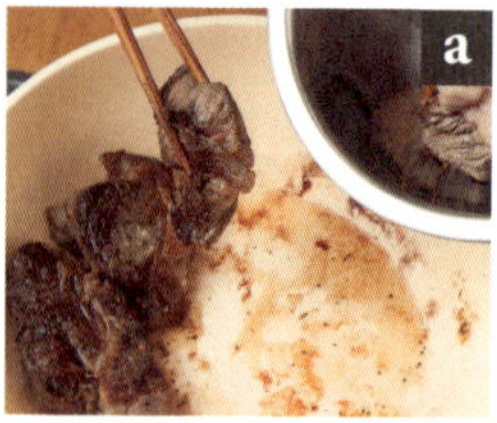

皮や脂は中まで味がしみこまないので
身の側にしっかり味つけをするのがコツ

鶏もも肉のコンフィ

調理時間 120 min

材料（2人分）

骨付鶏もも肉…2本（1本300g）
塩…6g
こしょう…少々
にんにく（薄切り）…1かけ分
タイム…ひとつまみ
ローリエ（ちぎる）…1枚分
サラダ油…たっぷり
クレソン…飾り
マスタード…お好み

作り方

❶肉の水けをキッチンペーパーで取る。
❷肉の皮目に塩・こしょうをして、身の方にもしっかり塩・こしょうをしてタイム、ローリエ、にんにくをのせて手でギュっと押してなじませる a。
❸肉の身同士を重ね合わせ、ラップでくるみ、最低でも60分以上（一晩）冷蔵庫で寝かせる b。
❹鍋に肉を入れ、肉が全部つかる量の油を入れる。
❺60分ほど弱火にかけ、ふたをせずに煮る c。※油につかってない部分があったら上下を返すなどする。
❻煮上がったら、フライパンで表面を中火で焼き色がつくまで2〜3分焼く。

a

b

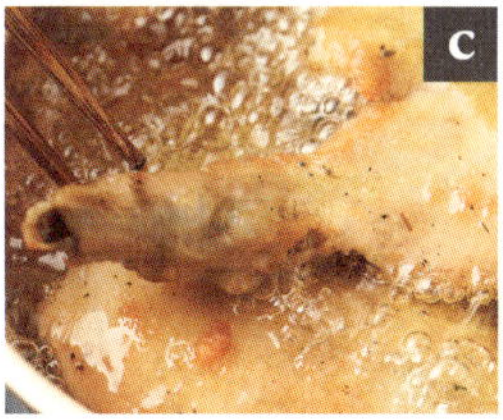
c

MEMO
すぐに食べない場合は肉全体を油に沈めたまま、落としラップをして冷蔵庫へ(P.10 参照)。冷蔵庫で 1 週間は保存可。

これだけは

市販ではなく手づくりをしてほしい！

作っておけば保存もできるし、何より料理がおいしくなる！

ホワイトソース

材料（2人分）
バター…20g
小麦粉…20g
牛乳…240cc

保存

冷蔵 3〜4日。密閉容器に入れて空気にふれないように落としラップをしてふたをする。

冷凍 1回分量ずつ小分けにする。保存期間は1ヵ月。使用する場合はレンジで温めて使う。

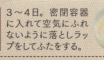

作り方

1 冷たい小さめの鍋にバターを入れて中火にかける。※小さいほうがムラなく混ぜられる。

2 バターに小麦粉を入れ、泡立て器で混ぜ合わせる。※なければ菜箸でもOK。細かく混ぜたいのでヘラはNG。

3 ふつふつしたら、牛乳（冷たいまま）を⅓入れ、強火でつやっとするまで練り上げる。

4 追加で⅓の牛乳を加えて3の作業を繰り返す。

5 最後に残りの⅓の牛乳を加え、再び3の作業を繰り返す。

志麻さんテクニックの おさらい

水けをふいてから、塩・こしょう

サラサラタイプの塩を、
使いやすい容器に入れて使用

かたまり肉や魚は、余分な水けをキッチンペーパーでしっかり取ってから調理を開始。

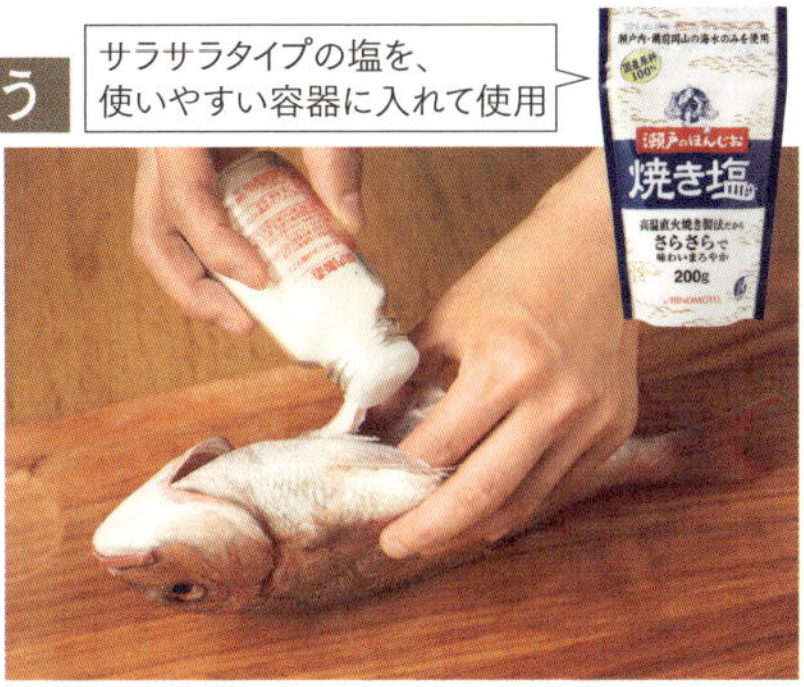

丸ごとの魚の場合は、全面に塩をするのはもちろん、お腹の中にも塩をするのが基本。

炒め物はザルにあげて、余分な油や水けを切る

水っぽい炒め物になるのは、こわごわ弱火で火を通すから。食材ごとに適した時間でさっと中火で加熱し、ザルにあげておけば失敗知らず。

肉を炒めたところで野菜を戻し入れ、さっと炒める。

しっかりと焼く

きのこを水っぽくしないためには、たっぷりの油・強めの火力・加熱後に塩をするのがポイント。

安い鶏肉でもおいしく仕上げるためには、たっぷりの油・中火で皮目をしっかり焼いて臭みを取ることがコツ。

Profile

タサン志麻（たさん しま）

大阪あべの・辻調理師専門学校、同グループ・フランス校を卒業し、ミシュランの三つ星レストランでの研修を修了。その後、日本の有名フランス料理店等で15年働く。2015年にフリーランスの家政婦として独立。家事代行マッチングサービス『タスカジ』で定期契約顧客数がナンバーワンとなり、「予約が取れない伝説の家政婦」と呼ばれるようになった。NHK『プロフェッショナル 仕事の流儀』でその仕事ぶりが放映され、クール最高視聴率を記録。現在も家庭に出向き、冷蔵庫にある食材で家族構成や好みにきめこまやかに応じた料理に腕をふるうほか、『つくりおきマイスター養成講座』の講師や料理教室、食品メーカーのレシピ開発などでも活動。フランス人の夫と子どもと3人暮らし。

https://shima.themedia.jp/

●STAFF

撮影：伊藤泰寛（講談社写真部）

デザイン：田中小百合（オスズデザイン）

「作《つく》り置《お》き」よりもカンタンでおいしい!

志《し》麻《ま》さんの自《じ》宅《たく》レシピ

2018年9月25日　第1刷発行

2019年2月14日　第6刷発行

著　者　タサン志《し》麻《ま》

発行者　渡瀬昌彦

発行所　株式会社講談社

〒112-8001　東京都文京区音羽2-12-21

販売　TEL03-5395-3606

業務　TEL03-5395-3615

編　集　株式会社 講談社エディトリアル

代　表　堺　公江

〒112-0013　東京都文京区音羽1-17-18

護国寺SIAビル6F

編集部　TEL03-5319-2171

印刷所　凸版印刷株式会社

製本所　株式会社国宝社

N.D.C.594 111p 21cm ISBN978-4-06-512576-2